Vorwort

Unvoreingenommen auf Neues zu schauen ist unverzichtbar für jeden von uns, der sein Leben zum Positiven verändern will. Somit ist es ebenso unverzichtbar, sich ohne Vorurteile einer neuen Wahrnehmung zu öffnen. Nur so werden wir unser Bewusstsein erweitern, das damit zu einer neuen Wahrnehmung von uns selbst und der Welt führen wird.

Ich möchte jeden, für den das eine oder andere in diesem Buch zu Beginn noch fragwürdig oder sogar unwahrscheinlich erscheinen sollte bitten, sich seiner Wahrnehmung dessen bewusst zu sein, doch unvoreingenommen weiter zu lesen. So wird sich ihm der Weg zum Ziel und damit eine neue Sicht auf sich und die Welt mit jedem Schritt weiter, leichter offenbaren.

Zum Inhalt

Für jeden ist Zufriedenheit das Wichtigste in seinem Leben. Wir alle sind auf der Suche nach ihr, egal in welcher Form wir sie auch zu finden glauben. Ob wir uns dessen bewusst sind oder nicht. Gesundheit, Liebe, Erfolg, Sicherheit, alles das - und vieles mehr - sind unterschiedliche Formen, in denen wir Zufriedenheit suchen und glauben, sie auch zu finden, beziehungsweise erfahren zu können. Wir suchen sie auch in scheinbar banalen Dingen, wie zum Beispiel im Sitzen, Stehen oder Gehen, auch hier suchen wir immer nach einer uns angenehmen Form der Zufriedenheit. Wie aber können wir glauben zu wissen, in welcher Form wir sie wirklich finden können, wenn wir nicht einmal wissen, wer oder was wir „wirklich" sind. Wenn wir nicht wissen, warum wir sind, woher wir kommen und wohin wir gehen. Wie können wir mit dieser Ungewissheit sicher sein, (es) zu wissen?

Jeder, der wahre Zufriedenheit sucht, und auch finden will, muss sich irgendwann diesen Fragen stellen. Auch wenn wir uns dieser Tatsache vielleicht noch nicht bewusst sind, führt kein Weg daran vorbei. Wer von uns war noch nicht in der Situation, unschlüssig darüber zu sein, was für ihn das scheinbar Richtige oder Falsche ist?

Doch müssen wir uns erst Antwort geben, auf die wichtigste Frage, die wir uns überhaupt stellen können, bevor wir wahre Zufriedenheit erlangen können.

Dieses Buch ist ein Weg, der uns zur Antwort dieser Frage führen soll. Auf diesem Weg werden wir uns auch unser unermessliches geistiges Potenzial, dass in jedem von uns ist, wieder zu Bewusstsein bringen. So werden wir uns auch unserem wahren Selbst bewusst und somit die Antwort auf die wichtigste Frage erhalten.

Das Folgende soll schon einmal einen kleinen Eindruck geben, was uns auf diesem Weg erwartet: Nehmen wir einmal an, wir würden eines morgens aus dem Schlaf erwachen und uns an absolut nichts mehr erinnern können. Wir wüssten somit auch nicht mehr, wer und wo wir sind und wir vor unserem Erwachen zu sein glaubten. Wir müssten anfangen, alles wieder neu zu erlernen. Was auch immer wir dann lernen würden, vieles wäre das, was vor unserem Gedächtnisschwund schon vorhanden war. Es wäre also ein „Erinnern“! Jeder von uns glaubt das zu sein, das heißt, der oder diejenige die er oder sie sich im Laufe der Zeit zu sein gelehrt hat. Von Geburt an lernen und lehren wir uns, wer wir scheinbar sind und woher wir kommen. Unsere Vergangenheit sagt uns alles das. Sie ist unsere

Lebensgeschichte. Wir erinnern uns durch sie, wer oder was wir zu sein glauben. Ohne Lebensgeschichte wären wir praktisch ohne Identität. Das sagt uns unser rationaler Verstand, den wir durch unser Lernen erschaffen haben. Obwohl wir uns nicht sicher sein können, wer wir wirklich sind, erschaffen wir damit ein Bild von uns - und damit auch „unsere“ Wahrheit!

Doch ist das wirklich „die“ Wahrheit, ist das unser „wahres“ Selbst?

NEIN!

Es ist ein von uns erschaffenes Selbst. Das sogenannte „Ego“!

Um uns unser wahres Selbst zu Bewusstsein zu bringen, müssen wir uns besinnen, wer oder was wir wirklich sind. Wir müssen lernen, uns unserer alten Gedanken (unserer Erinnerungen) zu entledigen. Erst wenn wir unsere alten Gedanken ausblenden können, sie abstellen, schaffen wir Platz in unserem Geist für neue Gedanken. So schaffen wir auch Platz für Neues in unserem Leben.

Das geistige Potenzial eines jeden ist unermesslich. Auch wenn es uns oft nicht so zu sein scheint. Uns dieses endlose Potenzial wieder zu Bewusstsein zu bringen, ist das Größte, was es zu erreichen gibt.

Egal welche Wünsche wir auch haben sollten, wenn wir über unser wahres Potenzial wieder verfügen können, werden wir alles das, was wir wirklich wollen, auch erreichen!

Der Autor

Es gab eine Zeit, da dachte ich so wie die meisten von uns, dass der überwiegende Teil dessen, was wir in unserem Leben erfahren, ohne eigenes Verschulden geschieht. Das heißt, dass wir keinen Einfluss darauf haben, was scheinbar von außen auf uns zukommt, bis hin zu Krankheiten aller Art. Ich hatte noch nicht wirklich wahrgenommen, wie außerordentlich wichtig und entscheidend bewusstes und auch „unbewusstes" Denken für jeden von uns ist. Wie machtvoll unser Glaube und unser Wille sind. Sie bestimmen über den Grat der Macht unserer Gedanken. Und diese damit über das, was wir in unserem Leben erfahren. So war mir auch nicht bewusst, dass der größte Teil von dem, was mir Zufriedenheit zu geben schien, nur eine Illusion war. Der größte Teil der Werte, die ich in meinem Leben besaß, oder noch erreichen wollte, waren nur äußerliche Werte. Sie schienen mir alle unterschiedlich zu sein, doch war es in Wahrheit nur die „Form", die sie unterschiedlich erscheinen ließ. Ich hatte noch eine sehr verzerrte Wahrnehmung von mir und allem in der Welt. Bis sich einiges in meinem Leben ereignete und, nur scheinbar ohne mein Zutun, auf mich zukam, dass mich zu Veränderungen zu drängen schien.

Vieles von dem, was da auf mich zukam, schien alles andere als erfreulich zu sein. Es war Verlust in unterschiedlicher Form. Es war eine Situation, die mir Angst machte. Diese Situation war es aber letztlich auch, die mich dazu zwang (Heute kann ich sagen: Mich dazu führte!) mein Leben zu überdenken. Jetzt ist mir bewusst, dass genau diese Situation in mein Leben treten musste. Sie musste kommen, damit ich die damit verbundenen Umstände nutzen konnte, um mich und meine Lebenssituation zum Positiven verändern zu können. Ich konnte (musste!) sie damit neu überdenken. Neue Gedanken resultierten aus den vermeintlich unangenehmen Umständen. Es war letztlich auch eine Veränderung meiner Wahrnehmung von mir und der Welt und damit auch von dem, was ich bis dahin als wertig ansah. So konnte ich wahrnehmen, dass sich meine Gedanken immer mehr damit beschäftigten, nicht nur das Gewohnte, das Alltägliche zu betrachten. Sie gaben mir neue Impulse, die mich weiter inspirierten. Da vieles von dem, was mir vorher wertig schien, dessen Wertigkeit verlor, entstand jetzt auch eine gewisse Leere. Und es war genau diese Leere, die ich jetzt ausfüllen musste, um nicht das Gefühl von Verlust zu erleiden. Doch war mir das zu dieser Zeit so noch nicht bewusst. Ich spürte nur, dass mir etwas fehlte und das war anfangs auch der Grund für eine gewisse „Un-Zufriedenheit". Immer mehr

Situationen kamen in mein Leben, die meine Wahrnehmung von mir, meinem Selbst und der Welt weiter veränderten. So begann ich auch Bücher zu lesen, etwas das ich bis dahin nur ungern tat. Ich ließ mich, zum Beispiel, lieber vom Fernseher berieseln. Doch plötzlich erschien mir ein Buch oder ein Gespräch mit jemandem viel wertiger zu sein. Das sich aus alledem ergebende neue Wissen führte mich weiter auf meinen neuen Weg. Vieles erschien mir erst noch unklar und zum Teil auch unglaublich. Ich spürte aber, dass hier etwas geschah, das mein Leben zum Positiven verändern würde.

Es dauerte einige Zeit, bis sich neue Erfahrungen einstellten, die mit meinem neuen Wissen und Glauben übereinstimmten. Schritt für Schritt führten diese neuen Erfahrungen zu weiterem neuen Wissen und dieses wieder zu neuen Erfahrungen. Man kann sagen, dass ich mich seitdem in einem Kreislauf befinde. Nur ist dieser Kreislauf kein „sich im Kreis drehen", sondern ein stetiges „Voranschreiten". Es ist eine außerordentliche und zugleich auch sehr spannende Erfahrung. Diese Erfahrung begleitet mich jetzt jeden Tag aufs Neue. Sie lässt mich das „Jetzt" immer deutlicher wahrnehmen. Man kann auch sagen:

„Ich fühle mich neu und geborgen!"

Ich war nie ein religiöser Mensch. Das heißt, ich gehöre keiner Religion an und doch konnte ich nach und nach wahrnehmen, dass tief in mir großer Glaube ist. Nicht der Glaube an eine bestimmte Religion ist damit gemeint. Es ist der Glaube an etwas viel Größeres, etwas das jeder, der bereit ist, in sein Herz zu hören, wahrnehmen kann. Ich beschreibe es als Verbundenheit mit dem Leben selbst, ein „Gefühl" der Liebe zu allem, was das Universum beinhaltet.

So begann ich auch wahrzunehmen, dass der Glaube und Wille von jedem von uns, darüber entscheidet, was wir im Leben erfahren. Sie sind der „Inhalt" unserer Gedanken! Sie bestimmen über unsere Wahrnehmung und somit auch über unsere Erfahrungen, das heißt: Sie bestimmen darüber, was wir in unserem Leben als positiv oder negativ beurteilen.

Diese Erkenntnis gab und gibt mir auch mehr und mehr Verbundenheit zur Natur und damit zu allen Lebewesen. Das schließt damit auch unsere Erde im Gesamten mit ein. Wir sollten sie mit Respekt und Liebe behandeln. Sie ist Teil des Universums, der „unendlichen" Lebensfülle. Sie ermöglicht uns unsere „materielle" Existenz.

Wir sollten alles und damit auch jeden Einzelnen von uns mit Respekt und Liebe betrachten und uns über nichts und niemanden stellen. Wir sollten nicht unterordnen und uns auch nicht unterordnen lassen. Wir sollten das Leben als das größte Gut wahrnehmen, das es für uns alle gibt. Was wir als das größte Gut betrachten, das werden wir auch (be-)„schützen"!

Jeder will leben und jeder will vor allem ein Leben in Zufriedenheit. Das schließt den Wunsch nach Sicherheit mit ein. Dieses Recht sollten wir uns, und auch jedem anderen gleichermaßen zugestehen. Zufriedenheit ist das, was jeder von uns sucht, gleich in welcher Form und egal, welchen Weg er dafür zu gehen bereit ist. So gibt es scheinbar unterschiedliche Wege, die zu ihr führen können. Doch führen sie immer zum gleichen Ziel, auch wenn uns ihre Form unterschiedlich erscheinen sollte. Sie führen immer zu unserem wahren Selbst und damit zur:

„Wahren Zufriedenheit!"

Ich bin davon überzeugt, dass jeder das Potenzial hat, seinen Weg zu finden. Er muss es nur wirklich „wollen"! Dann ist es immer nur eine Frage der Zeit. Es kommt somit auch alles zur rechten Zeit. Wir müssen nur anfangen wahrzunehmen, dass es sich genauso verhält.

Für mich gibt es keinen Zufall mehr! Auch dieses Buch ist nicht zufällig in Ihrer Hand!

Ich möchte an dieser Stelle allen Zuspruch geben, die sich entschlossen haben diese Zeilen zu lesen und somit bereit sind, sich auf einen neuen Weg zu begeben. Einen Weg, der jedem eine neue Wahrnehmung von sich selbst und der Welt ermöglichen kann. Diese Wahrnehmung ist auch der Schlüssel zur Tür, die jedem, wenn er sie öffnen „will", wahre Zufriedenheit offenbaren wird!

Einleitung

Es ist in vielen Lehren und Schriften schon alles gesagt, was zur Wahrheit, zu unserem wahren Selbst und somit auch zur wahren Zufriedenheit führen wird. Und doch haben es nur wenige verstanden und noch wenigere konnten es auch in die Tat umsetzen. Was nützt uns noch so viel Wissen, wenn wir es nicht in unseren Taten umsetzen können. So können wir die Resultate, die sich aus dem Wissen ergeben würden, auch nicht erfahren! Wir alle brauchen scheinbar immer erst Erfahrungen, damit wir wirklich an etwas glauben können. Wir glauben nur dann wirklich an etwas, wenn wir es auch direkt erfahren. Direktes Erfahren führt uns damit zur Überzeugung. Und genau hier liegt das Problem für uns, wenn wir unsere Erfahrung ändern, wenn wir Neues in unserem Leben erfahren wollen. Wir müssen dann bereit sein, an etwas zu glauben, das wir (noch) nicht erfahren haben. Um das tun zu können, brauchen wir Vertrauen. In erster Linie heißt das:

Wir brauchen Vertrauen in unser „Selbst"!

Doch wer von uns hat wirklich Vertrauen in sich selbst?

Vertrauen in sich selbst zu haben, setzt auch voraus, genau zu wissen, wer wir „wirklich" sind!

Wie können wir Vertrauen in jemanden haben, wenn wir nicht wirklich wissen, wer er ist? Doch wissen wir alle nicht genau, wer wir wirklich sind. Wir wissen weder woher wir wirklich kommen, noch wohin wir gehen. Und letztlich wissen wir auch nicht, warum wir (hier) sind! Nur unsere Lebensgeschichte scheint uns zu sagen, wer wir sind, woher wir kommen und wohin wir gehen. Unser Verstand, den wir uns in der Vergangenheit gelehrt haben, sagt uns scheinbar alles das. Doch ist dieses „alles das" nur ein kleiner Teil der Wahrheit!

Und doch: Jeder, der in seinem Leben Ziele erreicht hat, die er wirklich erreichen wollte, brauchte dazu ein gewisses Maß an Vertrauen in sich selbst. Der Glaube an - und in - sich selbst war offensichtlich stark genug, das erreichen zu können, was er erreichen wollte.

Diejenigen, die wirklich mit dem Erreichten zufrieden sind, sind die, die ihrem Herzen gefolgt sind. Das heißt: Ihr Ziel war im Einklang mit dem, was sie dafür bereit waren zu tun, um es zu erreichen. Für diejenigen war:

„Der Weg das Ziel".

Es war nicht nur: „Mittel zum Zweck“!

Doch tun die Meisten von uns fast ausschließlich nur Dinge, die letztlich Mittel zum Zweck für sie sind. Und damit ist auch das Ergebnis der Ziele, die damit versucht zu erreicht werden, nicht das Erhoffte!

Wie gesagt: Wir alle haben in Wahrheit immer nur „ein“ Ziel:

Wahre Zufriedenheit!

Wir alle sind somit auf der Suche, vom Tag unserer Geburt an. Und das sowohl bewusst, als auch unbewusst! Wir suchen tagein, tagaus nach Liebe, Gesundheit, Erfolg, Anerkennung, Macht, einer Beziehung, nach Sicherheit. Egal in welcher Form jeder auch danach sucht. Wir suchen wie in diesen Beispielen auch in allem anderen immer nach Zufriedenheit. Doch wann haben wir sie wirklich gefunden, wann sind wir wirklich zufrieden? Wann haben wir eine Lebenssituation, die uns wirklich zufrieden stellt? Wann haben wir damit auch wirklich Sicherheit?

Wie angenehm und sicher wir uns auch fühlen, wie zufriedenstellend uns unsere Lebenssituation auch erscheint, egal zu welcher Zeit und an welchem Ort, sie bleibt doch nie „konstant". Sie verändert sich immer wieder.

Jeder von uns hat, wie gesagt, seine eigene Vorstellung von den Dingen, den Formen, die ihm die anscheinende Zufriedenheit geben. Auch wenn einige zum Beispiel in Liebe, Gesundheit, Erfolg, Anerkennung, Macht, Sicherheit oder einer Beziehung auf den ersten Blick keine Form wahrnehmen sollten. Es sind doch ganz offensichtlich alles Formen der Zufriedenheit. Jeder von uns glaubt nur an (s)eine bestimmte Form, die ihm - wenn auch nur scheinbare - Zufriedenheit gibt. Bis auf verschwindend wenige von uns, sucht der überwiegende Teil immer im Äußeren. Wir scheinen alles das, was wir benötigen, um Zufriedenheit zu erlangen, nicht von vornherein (in uns) zu besitzen. So können wir sie auch scheinbar nicht von vornherein in uns wahrnehmen und damit auch nicht in uns fühlen!

Ist es nicht genau so, dass immer, wenn wir Zufriedenheit wahrnehmen, wir sie „in" uns fühlen?

Es scheint uns dann so, als sei das Glück in uns.

Nur so erfahren wir wirklich Zufriedenheit. Was aber, wenn wir alles schon immer in uns haben, dass was wir suchen, um in wahrer Zufriedenheit zu sein und es nur noch nicht wahrnehmen können? Wenn wir nur noch nicht verstehen, wie wir in uns danach suchen, es finden und fühlen und damit auch erfahren können? Auch wenn uns noch die Wahrnehmung dazu fehlt, müssen wir nur bereit sein, uns dieser Frage aufrichtig zu stellen. Wenn wir aufrichtig versuchen ihr nachzugehen, werden wir nicht länger im Äußeren nach Zufriedenheit suchen müssen. Alle geistigen Lehren teilen uns genau das mit:

„Suche deine Zufriedenheit nicht im Äußeren, suche sie in dir"!

Das könnte ein Satz aus der Bibel sein. Diese Aussage finden wir aber sinngemäß auch in vielen anderen spirituellen Lehren immer wieder. Zum Beispiel im Buddhismus. Sie alle erklären sich scheinbar unterschiedlich. Sie benutzen unterschiedliche Worte. Doch ist der Kern ihrer Aussage immer der Gleiche:

„Suche in dir"!

Wie aber sollen wir in uns suchen? Es gibt viele Wege, in Form von unterschiedlichen Lehren, die aufzeigen, wie wir in uns suchen sollen. Auch wenn uns der eine oder andere Weg von ihnen kürzer oder länger erscheinen sollte, ist es doch immer nur eine Frage der Zeit, dass wir unser Ziel erreichen. Wir müssen es nur „wirklich" wollen!

„Wenn wir erkennen wollen, dass wir wahre Zufriedenheit nicht im Äußeren finden können, wird sich uns unser Weg auch offenbaren!"

Das sagen uns alle spirituellen Lehren. Ich will aber nicht die spirituellen Lehren und erst recht nicht die Religionen, als Beweis für diese Aussage anführen. Ihre Botschaft wurde im Laufe der Zeit immer wieder verändert und teilweise falsch interpretiert. Sie wurde auch für persönliche Zwecke benutzt, um sich ihrer Macht zu bedienen und Menschen damit zu manipulieren.

So wie sich alles im Universum ständig verändert, so verändert sich auch unser aller Bewusstsein. Wir nehmen die Welt heute anders wahr, als noch vor ein paar Jahren und erst recht als noch vor tausenden von Jahren! Daher müssen wir auch versuchen, den Kern der Aussage der alten Lehren mit den Worten der heutigen Zeit zu verstehen.

Ich werde mich daher auf diesem Weg auf ein paar Beispiele ihrer Aussagen beziehen, die uns helfen werden, unser Ziel zu erreichen. Auch wenn unser rationaler Verstand das ein oder andere noch als fragwürdig bezeichnen sollte. In unserer Gesellschaft ist der Glaube an den rationalen Verstand und somit der Glaube an die Wissenschaft eher akzeptiert, als der Glaube an etwas, das scheinbar nicht rational erfasst werden kann. Unser Verstand will sich im Allgemeinen nicht mit dem irrationalen (spirituellen) Glauben befassen. Daher werde ich mich auch auf Beispiele der Wissenschaft berufen. Ich werde auch ein paar Beispiele aus meinem Leben aufzeigen, die nicht alltäglich erscheinen und die unser Verstand nicht wirklich wahrhaben (wahrnehmen) will!

Nur wenn wir es schaffen, uns einer neuen Wahrnehmung, von uns und der Welt öffnen zu wollen, werden wir auch wahre Zufriedenheit erlangen!

Also, sind wir dazu bereit?

Sind wir bereit, dafür unseren Alltag, unsere selbstverordneten Regeln und Begrenzungen, unser gewohntes Denken unseres Verstandes in Frage zu stellen? Um zu erfahren, wie sich unser Leben zum Positiven verändert, wenn wir nicht alles nach unseren alten Denkgewohnheiten beurteilen. Wenn wir stattdessen versuchen uns und die Welt, durch eine neue Wahrnehmung neu zu beurteilen, werden wir anfangen zu erkennen, dass der überwiegende Teil von alledem, was wir dachten zu erkennen, nicht so ist, wie es auf den ersten Blick erscheint. Wenn wir uns einer neuen

Wahrnehmung öffnen und ihr weiter folgen, werden sich auch unvermeidlich unsere Erfahrungen ändern. Vieles von dem, was für uns die Wahrheit zu sein schien, wird sich als Illusion offenbaren.

Der Titel: „Illusion - Spielzeug der Wahrheit" soll uns unter anderem auch darauf hinweisen, dass wir in unserem Leben immer erst die Illusion erkennen müssen, um die Wahrheit zu erfahren. Auch um den Sinn des Titels verstehen zu können, müssen wir erst die Illusion (das Spielzeug) erkennen, erst dann hat sich für uns die Wahrheit (der Spieler) und damit auch der Sinn des Titels offenbart. Immer dann, wenn wir bereit sind, uns einer neuen Wahrnehmung zu öffnen, können wir auch die Illusion erkennen. Und erst dann offenbart sich auch die Wahrheit!

Wir alle leben innerhalb eines von uns selbst erschaffenen Denk-Systems, dem „rationalen" Verstand, den wir durch das Erlernte aus unserer Vergangenheit geformt (erschaffen) haben. Wir glauben an das, was wir sehen, hören und fühlen, an das, was unsere Sinneswahrnehmung unseres Körpers uns Glauben macht. Und so entwickeln wir unseren Verstand. Aus alledem, was wir uns in der Vergangenheit zu verstehen gelehrt haben.

Was wir mit unserem Verstand nicht verstehen können, fällt uns schwer zu glauben. Auf diesem Denk-Prinzip stützt sich scheinbar unsere gesamte Wahrnehmung von der Wahrheit. Wenn wir etwas nicht verstehen können, können wir auch Illusion und Wahrheit nicht voneinander unterscheiden. Was unser Verstand nicht als Wahrheit akzeptiert, können wir daher auch nicht glauben. Unsere Wahrnehmung der Wahrheit und damit auch alles in der Welt, wird scheinbar von unserem Verstand bestimmt. Was er nicht für glaubwürdig erachtet, ist für ihn und damit für uns, auch nicht die Wahrheit.

„Was unser Verstand nicht glauben kann, dass ist für uns auch nicht die Wahrheit“!

Doch wäre das ein offizielles, erstes Zeichen dafür, dass wir durch den „Glauben“, den wir unserem Verstand schenken, unsere „eigene“ Realität erschaffen!

Die Macht, die in dieser Aussage enthalten ist, wird sich uns Schritt für Schritt weiter offenbaren und damit unsere Probleme mehr und mehr auflösen. Wenn wir uns dieser Macht wirklich bewusst werden wollen, können und werden wir unser Ziel unwiderruflich - Schritt für Schritt - erreichen.

Ich heiße jeden auf diesem Weg willkommen, der zu unserem wahren Selbst, ins „Jetzt", dem einzigen wahren Moment der Zeit innerhalb der Ewigkeit und damit zur wahren Zufriedenheit führen wird.

Um diesen Weg erfolgreich zu beschreiten, ist es nicht notwendig, sofort jedes Wort mit unserem rationalen Verstand als glaubhaft zu akzeptieren. Doch ist es sehr wichtig und unbedingt erforderlich, offen und unvoreingenommen zu sein. Nur so können wir bewusst Neues und Positives in unser Leben bringen und damit auch erfahren. Wir öffnen uns so einer neuen Wahrnehmung von uns und der Welt.

Man kann sagen: „Wir wecken unseren inneren Lehrer, der in jedem von uns ist".

Ich wünsche jedem Unvoreingenommenheit auf diesem Weg, um ihn damit auch erfolgreich beschreiten zu können.

Kapitel I - „Wahrheit“

Jeder von uns hat scheinbar immer wieder ein Problem in seinem Leben. Unser Leben scheint geradezu aus Problemen zu bestehen, welche Formen sie auch immer annehmen. Auch unsere Welt, die wir wahrnehmen, besteht aus unendlich vielen Problemen. Was aber ist der Grund für unsere Probleme und die der Welt?

Gewöhnlich glauben wir, dass jedes Problem aus individuellen Gründen besteht. Und wir haben und sehen unendlich viele Probleme, also gibt es für uns auch unendlich viele Gründe. Nehmen wir einmal an, wir glauben etwas zu verlieren, etwas nicht erreichen zu können, oder dass etwas auf uns zukommt, das uns schaden könnte. Es geht zum Beispiel um den Verlust eines Menschen, darum, dass wir unser gesetztes Ziel nicht erreichen, oder auch um Krankheit. Das alles sind für uns unterschiedliche Probleme. Sie scheinen aus unterschiedlichen Gründen zu bestehen. Doch bestehen sie in Wahrheit alle aus ein und demselben Grund.

Alle Probleme, die wir wahrnehmen, ob sie uns selbst oder die Welt betreffen, bestehen nur aus einem Grund:

„Angst“!

Es gibt kein Problem, das nicht aus Angst besteht. Alle Dinge, Ereignisse, Situationen werden erst durch Angst zu einem Problem. Wenn wir bewusst darüber nachdenken, werden wir sehen, dass ausnahmslos alle Probleme nur einen einzigen Grund haben:

„Angst"!

Wir haben Angst vor Krankheiten.
Wir haben Angst, unsere Arbeit zu verlieren.
Wir haben Angst, verlassen zu werden.

Und wir haben auch Angst vor dem Tod. Das ist die größte Angst, die die meisten von uns zu haben scheinen.

Diese Beispiele klingen für uns nachvollziehbar und existenziell.

Wir haben aber auch Angst vor kleinsten Dingen, vor Banalitäten. Nehmen wir einmal an, wir haben am kommenden Morgen einen wichtigen Termin und machen uns Sorge zu verschlafen. Auch diese Sorge besteht nur aus Angst. Es ist Angst in einer bestimmten Form, sie lässt uns die halbe Nacht nicht los, wir schlafen unruhig, schlecht und wachen vielleicht viel zu früh auf, oder verschlafen tatsächlich.

Es ist offensichtlich: Aus der Banalität rechtzeitig aufstehen zu wollen, haben wir ein Problem gemacht. Das war unsere Angst in diesen Fall, die Sorge zu verschlafen. Sie hat Macht über uns und hat unser Problem somit erschaffen. Auch ein scheinbar banales und kleines Problem besteht immer nur aus Angst. Alle Probleme, die unser Leben beeinflussen, spiegeln dabei immer proportional die Größe und Macht der Angst wieder. Das klingt offensichtlich und ist es auch.

Der Umkehrschluss ist es ebenso.

Wenn wir akzeptieren, dass alle unsere Probleme aus Angst bestehen, dann gibt es ohne Angst auch kein Problem!

„Keine Angst zu haben,
bedeutet also auch:
Kein Problem zu haben"!

Jeder, der das unvoreingenommen wahrnimmt, erkennt, dass es einleuchtend und offensichtlich klingt. Und doch scheint es für die meisten von uns überaus schwer, ja unerreichbar zu sein, ohne jede Form der Angst zu leben. Das heißt: Ohne Probleme zu sein.

Keiner von uns will bewusst Angst haben. Wir wollen alle Zufriedenheit. Wir suchen ja auch alle nach Ihr. Wir suchen nach dem, was wir in unserem Leben haben und auch halten wollen. Und doch können wir es scheinbar nie dauerhaft halten.

Auch wenn wir Momente des Glücks zu haben scheinen, drohen diese doch immer wieder zu vergehen.

„Es ist unsere bewusste oder auch unbewusste Angst, das Erreichte zu verlieren, die bewirkt, dass wir es am Ende wieder verlieren und damit erneut auf der Suche sind".

Ist es nicht so, dass uns genau diese Situation gut bekannt ist? Immer wieder machen wir die Erfahrung, dass unser Glück vergeht. Unsere Probleme lassen unsere schönen Situationen, unsere scheinbare Zufriedenheit, wieder vergehen.

Wenn wir es schaffen können, unsere Angst zu überwinden und sie somit auch zu verlieren, werden wir in Wahrheit auch keine Probleme mehr haben!

Auch wenn wir uns nunmehr ein wenig mit der Wahrheit beschäftigt haben, müssen wir, um uns ihr wirklich weiter nähern zu können, erst bewusst werden, was das „Wort" Wahrheit für jeden von uns bedeutet. Wir müssen auch verstehen, dass Worte grundsätzlich immer nur auf etwas hinweisen können. Worte sind in Form gebrachte Gedanken. Wenn wir uns darüber Gedanken machen, was für uns die Wahrheit ist, dann können wir nur versuchen, es mit den uns zur Verfügung stehenden Worten auszudrücken. Das betrifft letztlich auch alles andere, worüber wir uns im Leben Gedanken machen. Worte können uns nur auf das hinweisen, was die Wahrheit für uns zu sein „scheint".

Die Worte selbst sind also nie „die" Wahrheit!

So, wie wir die Wahrheit in unserer Welt alltäglich wahrzunehmen glauben, scheint sie sich ständig zu verändern. Denken wir an eine Situation, in der unterschiedliche Meinungen zu einem Thema bestehen. Jeder besteht auf seine Meinung, auf das, was er als Wahrheit wahrnimmt. Als „seine" Wahrheit! Es scheint so, als hätten wir mehrere Wahrheiten. Die Wahrheit scheint sich damit auch immer wieder zu verändern. Das sich Verändern der Wahrheit scheint in unserer Welt vollkommen normal und akzeptiert zu sein. So verhält es sich in unserer alltäglichen Welt und auch in der Welt der Wissenschaft. Was in der Vergangenheit wahr war, ist heute nicht mehr wahr, und morgen möglicherweise nicht mehr so, wie es uns heute noch scheint. Wir können dieses Beispiel auf alles anwenden, was wir in unserer Welt wahrnehmen. So wie es auch zum Beispiel lange Zeit die Wahrheit zu sein schien, dass die Erde eine Scheibe ist.

Schauen wir uns die aktuellen wissenschaftlichen Erkenntnisse aus der Quantenphysik an. Diese stellen das Wissen - die Wahrheit - von noch vor wenigen Jahren gravierend in Frage. Wir glauben solange an etwas, dass für uns die Wahrheit zu sein scheint, bis wir merken, dass es eine Illusion ist. Genauso, auf diese Weise, nehmen wir die Wahrheit wahr. Doch ist das nicht eine sehr merkwürdige Wahrnehmung von der Wahrheit? Wie kann es sein, dass die Wahrheit sich ständig verändert? Wie kann sich die Wahrheit „überhaupt" verändern?

Wenn etwas die Wahrheit ist, dann muss es doch konstant, also unveränderlich sein. Wenn wir uns das wirklich bewusst vor Augen halten, fangen wir an zu verstehen, dass wir durch unser „Urteil" darüber, was wir als Wahrheit wahrzunehmen glauben, entscheiden, was für uns die Wahrheit ist. Wir beurteilen irgendetwas und glauben dann zu wissen, was es ist.

Hier wird sehr deutlich, dass die Wahrheit, so wie wir sie wahrzunehmen glauben, durch uns erschaffen und verändert wird. Aus diesem Grund ergeben sich für uns auch endlos viele Wahrheiten, die sich auch immer wieder verändern. Das klingt genau genommen verrückt und doch, ist das genau unsere Wahrnehmung von der Wahrheit. Die Wahrheit ist aber unveränderlich, sonst wäre sie eine „Illusion". Es ist offensichtlich, dass das, was wir als Wahrheit wahrzunehmen glauben, solange es veränderlich ist, nicht die Wahrheit sein kann. Daraus ergibt sich für jeden von uns, zwangsweise und unmissverständlich, eine wesentliche Erkenntnis:

„Wir erschaffen unsere eigene Wahrheit und damit auch unsere eigene Realität!"

Wir erschaffen sie durch unser Urteil und unseren Glauben daran! Doch bleibt die wahrhaftige Wahrheit davon unberührt und unverändert. Somit haben wir nur scheinbar die Wahrheit erschaffen, sie ist letztlich nur eine Illusion, solange sie nicht konstant und damit unveränderlich ist und bleibt. Nur unser Glaube an sie lässt sie überhaupt erst für uns entstehen und wahr sein!

Kapitel II - „Urteil“

Wie wir sehen können, hat unser Urteil und unser Glaube daran, maßgeblichen Einfluss auf unsere Wahrnehmung von uns und der Welt. Und somit auf alles, was wir im Leben als Wahrheit wahrzunehmen glauben.

Alles das, was wir wahrzunehmen glauben, müssen wir beurteilen, sonst scheinen wir nicht zu wissen, was es ist oder um was es geht. Nur durch unsere Beurteilung all dessen, wie zum Beispiel, einer Situation oder der eines Menschen, machen wir uns ein Bild davon und glauben dann, die Situation oder den Menschen einschätzen zu können. Und nur so können wir scheinbar auch lernen. Wir beurteilen und lernen aus unserer Beurteilung.

Ein einfaches Beispiel zeigt auf, wie wir ein Bild von uns und anderen, letztlich von allem in der Welt, durch unser Urteil erschaffen: Nehmen wir an, wir wurden von jemandem zum Essen in ein Restaurant eingeladen und waren mit dem Essen nicht zufrieden. Unser Gastgeber schien uns aber zufrieden zu sein. Jetzt werden wir sehr wahrscheinlich dieses Restaurant nicht noch einmal besuchen und auch nicht allzu viel auf die

Meinung unseres Gastgebers geben. Zumindest was den Rat eines guten Restaurants betrifft.

Wir haben geurteilt. Wir haben damit auch unsere Erfahrung gemacht. Es hat für uns im Allgemeinen den Anschein, als können wir nur durch unsere Erfahrung lernen. Doch lernen wir in Wahrheit immer nur durch unsere Beurteilung und „erschaffen" damit erst unsere Erfahrung und somit auch unsere Realität.

Auch wenn wir etwas neu beurteilen wollen, greifen wir immer auf unser Urteil (die Erfahrung) der Vergangenheit zurück. Was unser Urteil uns gelehrt hat, wird damit immer zu dem Wissen, oder besser dem Inhalt unseres rationalen Verstandes! Auf unser Beispiel bezogen, würden wir (unser Verstand) nunmehr auf den Rat des Gastgebers nicht mehr viel geben. Wir würden auch sehr wahrscheinlich dieses Restaurant nicht mehr besuchen.

Es wird deutlich, dass unser Urteil, das wir in der Vergangenheit gefällt haben, unausweichlich Auswirkung auf unser Verhalten in der Gegenwart und damit auch auf unser Verhalten in der Zukunft hat.

Wir können auch erkennen, dass wir die Gegenwart und Zukunft immer wieder nur mit Hilfe unserer Erfahrung aus der Vergangenheit neu beurteilen.

Wir sollten jetzt innehalten und uns das Folgende fragen :

„Wie können wir unsere Gegenwart oder unsere Zukunft verändern, wenn wir uns immer auf unser vermeintliches Urteilsvermögen aus unserer Vergangenheit verlassen - aus dem, was wir in der Vergangenheit gelernt haben, dem rationalen Denken, unserem Verstand, der damit auch immer ´voreingenommen` ist?"

So können wir unmöglich Veränderung in unsere Gegenwart oder Zukunft bringen!

Auf unser Beispiel bezogen heißt das: Wenn wir unvoreingenommen denken würden, würden wir vielleicht bei einer erneuten Empfehlung des Gastgebers, für ein anderes Restaurant, eine ganz andere Erfahrung machen. Vielleicht würde uns die neue Empfehlung sehr gut gefallen. Wir würden noch weiteren Empfehlungen folgen, an denen wir überwiegend Gefallen finden. Wir würden bei einem erneuten Besuch des Restaurants vielleicht feststellen, dass das Essen jetzt sehr gut ist. Der Koch hatte bei unserem ersten Besuch nur einen schlechten Tag. Oder, es kochte an diesen Tag nur eine Aushilfe an seiner Stelle. Wie gesagt: Hierbei handelt es sich nur um ein simples, stellvertretendes Beispiel.

Schauen wir uns unser Leben an!

Wie sieht es für die meisten von uns aus? Das Eine oder Andere scheint neu zu sein, sich zu verändern, doch wechselt im Grunde immer nur die „Form". Wir haben in unserem Leben Probleme - aber haben wir nicht, wie schon beschrieben immer ein Problem, egal in welcher Form. Anstelle von Problem können wir auch Furcht oder Sorge sagen. Problem, Furcht oder Sorge sind das Gleiche, sie alle sind nur unterschiedliche Formen, in denen wir die Angst wahrnehmen. Selbst das Alter, das Altern unseres Körpers, ist nur ein Wechsel, ein sich Ändern der Form. Wir erleben scheinbar immer dasselbe, nur in unterschiedlicher Form. Es erscheint nur anders, weil sich die Form verändert.

Wie sehen und wie fühlen wir in unserem Alltag?

Für die meisten von uns scheint es kaum Veränderung zu geben. Suchen wir nicht immer noch, wie schon in der Vergangenheit, auch hier in der Gegenwart, in allem nach Zufriedenheit? Und ist das, was wir hier in der Gegenwart gefunden haben, „wirklich" wahre Zufriedenheit? Sicher nicht! Wie könnte es auch sein, wenn wir unser rationales Denken aus der Vergangenheit weiter aufrechterhalten.

Wir erschaffen unsere Realität, unsere Gegenwart, mit dem Erlernten der Vergangenheit. Und ebenso erschaffen wir auch unsere Zukunft. Wir machen uns mit Hilfe unserer Erfahrung, der Vergangenheit, ein Bild von der Zukunft.

So, wie sich für die meisten die Zukunft kaum von der Vergangenheit unterscheidet, so unterscheiden sich auch beide kaum von der Gegenwart. Und so scheint sich unser Leben kaum zu verändern.

Wenn wir wirklich anfangen zu verstehen, dass wir unsere Wahrnehmung der Wahrheit und auch unsere Wahrnehmung von Vergangenheit, Gegenwart und Zukunft, durch unser Urteil und unseren Glauben daran erschaffen, muss uns eindeutig bewusst werden, dass wir „tatsächlich" unsere Realität erschaffen!

Vergangenheit, Gegenwart und Zukunft sind letztlich unsere Realität! Sie spiegeln unsere Wahrnehmung von alledem, was wir in der Welt wahrzunehmen glauben wieder:

„Unsere Wahrheit!"

Wir können jetzt sehr deutlich erkennen, wie wichtig eine bewusste Wahrnehmung unseres Urteils, und der Macht unseres Glaubens daran, für jeden von uns ist. Um so bewusster wir mit dieser Macht umgehen, umso bewusster erschaffen wir unsere Realität:

Im „Hier und Jetzt!"

Kapitel III - „Jetzt“

Im Allgemeinen bezeichnen wir das „Jetzt“ als etwas Vergängliches, wir glauben, das Jetzt verändert sich ständig, von einem Moment zum nächsten. Es gleitet uns scheinbar durch die Finger. Kaum ist es da, scheint es wieder fort zu sein. Doch ist das Jetzt eins mit der Wahrheit, es ist immer konstant und verändert sich nie. Alles, was wir jemals wahrnehmen oder erfahren, erfahren wir immer und einzig im Jetzt. Das Jetzt ist unser ständiger Begleiter.

Wir verwechseln nur die Dinge, die sich im Jetzt abspielen und sich ständig verändern, mit dem Jetzt. Jede Veränderung in einer Situation scheint für uns eine Aneinanderreihung von Momenten zu sein, doch das Jetzt, in dem alles geschieht, verändert sich nicht, es bleibt immer konstant Jetzt. Man kann sagen: Das Jetzt ist der „Raum“, in dem alles geschieht, in dem wir die scheinbare Aneinanderreihung von endlosen Momenten erfahren und wahrnehmen können. Alles, was wir in der Vergangenheit erfahren haben, war immer im Jetzt und alles, was wir in der Zukunft erfahren werden, ist immer im Jetzt.

Keiner von uns war jemals in der Zukunft, immer wenn die Zukunft für uns eintrifft, ist es wieder Jetzt.

Die Vergangenheit war für uns auch einmal die Gegenwart und auch die Zukunft, und alles was dort eintraf, war immer nur im Jetzt. Nur im Jetzt erfahren wir unser Leben, nur hier können wir auch (be)urteilen. Nur im Jetzt können wir damit Veränderung in unserem Leben stattfinden lassen.

„Nur im Jetzt können wir auch versuchen, „bewusst“ zu urteilen und bewusst zu lernen und damit auch bewusst Neues in unser Leben zu bringen!“

Wir erkennen sehr deutlich, wie wichtig eine bewusste Wahrnehmung für jeden ist. Wenn wir bewusst wahrnehmen, nehmen wir auch unsere Gedanken bewusst wahr und somit nehmen wir uns selbst bewusst wahr. Nur so können wir auch wirklich bewusst Neues erschaffen. Das heißt wir bringen bewusst Neues in unsere Realität!

Wir können anfangen wahrzunehmen, dass wir das Jetzt und auch unser „wahres“ Selbst unbewusst verleugnet haben und wie unsagbar viel eine bewusste Wahrnehmung geben kann. Wir alle können uns, wenn wir es wirklich wollen, einer neuen Wahrnehmung von uns und der Welt öffnen. Wir erweitern so unser Bewusstsein und schaffen Platz für neue Gedanken in unserem Geist und damit auch Raum für Neues in unserem Leben, egal in welcher Form es sich dann auch manifestiert. Es ist für jeden unsagbar wichtig, mit einem bewussten Glauben, bewusst zu urteilen. So gehen wir bewusst mit der Macht unserer Gedanken um. Wenn wir anfangen zu verstehen, dass wir unsere Gedanken bewusst beobachten müssen, um unser Leben, in Harmonie und im Einklang mit unseren Herzenswünschen zu erfahren, dann werden wir auch feststellen, dass nichts ohne Grund in unser Leben kommt. Wir werden damit auch erkennen, dass unser unbewusstes Denken für fast alles, was wir in unserem Leben erfahren, aber nicht wirklich erfahren wollen, verantwortlich ist! Wir erfahren daher auch nichts durch Zufall.

Hierzu ein stellvertretendes Beispiel, das aufzeigen soll, dass der Zufall nur scheinbar existiert: Wir treffen jemanden, ohne uns vorher verabredet zu haben. Doch hat jeder vor diesem Aufeinandertreffen Entscheidungen getroffen, die zu dem scheinbaren Zufall führten. Von dem Moment an, in dem wir unseren Tag beginnen, treffen wir Entscheidungen, ob bewusst oder unbewusst. Wir entscheiden, mit welchem Fuß wir zuerst aufstehen und ob wir erst in die Küche oder ins Bad gehen oder einen anderen Weg nehmen. In der Regel tun wir vieles aus Gewohnheit. Manchmal ändern wir auch das Gewohnte, doch können wir das alles nur tun, weil wir ständig eine Entscheidung treffen, ob bewusst oder auch unbewusst! Wenn wir also jemanden scheinbar zufällig treffen, haben wir bis zu dem Treffen ständig Entscheidungen getroffen. Hätten wir nur eine von diesen Entscheidungen nicht getroffen und wären nur ein paar Minuten später aus dem Haus gegangen, weil wir noch ein Telefonat geführt hätten, das wir vielleicht erst später führen wollten. Oder hätten wir vergessen den Wecker zu stellen, weil wir am Abend zuvor erst spät nach Hause gekommen sind, dann hätte dieses Treffen so nicht stattgefunden.

Dieses Beispiel zeigt uns, dass unsere Entscheidungen immer zu etwas führen, egal ob wir diese bewusst oder unbewusst treffen. Es ist damit auch stellvertretend für alle denkbaren Möglichkeiten. Auch unser Gegenüber, der Mensch, den wir getroffen haben, hat bis zum Treffen Entscheidungen getroffen, ebenso bewusst als auch unbewusst, die zu dem Treffen führten.

Somit ist alles, was wir wahrnehmen, durch Ursache und Wirkung miteinander verbunden.

Alles im Universum, ist durch Ursache und Wirkung mit einander verbunden und auch wir sind davon nicht ausgenommen.

„Es ist das Gesetz des Universums!“

Jede Entscheidung, die wir treffen - und sei sie auch scheinbar noch so unbedeutend - ist eine Ursache, die eine unvermeidliche Wirkung erzeugt. Wenn wir bereit sind, nicht mehr nur mit dem Erlernten der Vergangenheit, die Gegenwart und Zukunft zu beurteilen, werden wir unsere Realität zum Positiven hin verändern können und erfahren gleichzeitig unser unbegrenztes Potenzial. Wir nähern uns der Wahrheit und erkennen damit auch Schritt für Schritt die Illusion. Und so erkennen wir auch Schritt für Schritt unser wahres Selbst!

Hierzu ein Zitat von Albert Einstein in „Die Zeit", 1955:

„Für uns gläubige Physiker hat die Unterscheidung von Vergangenheit, Gegenwart und Zukunft nur die Bedeutung einer, wenn auch hartnäckigen, Illusion."

Kapitel IV - „Illusion“

Wir haben seit unserer Geburt gelernt, das zu glauben, was unser Körper uns übermittelt. Und das anhand seiner Sinnesorgane wie zum Beispiel den Augen oder Ohren. Man kann kurz gefasst sagen:

„Wir glauben, was wir sehen oder hören und was wir nicht sehen oder hören können, fällt uns schwer zu glauben“.

Wir verlassen uns lieber auf das, was wir sehen und hören. Doch hat jeder im Leben feststellen können, dass uns unsere Augen, Ohren und alle weiteren Sinnesorgane schon oft getäuscht haben.

Eine Fata Morgana ist ein simples Beispiel. Wenn wir sie sehen, sind wir auch sicher sie sei die Wahrheit, doch ist auch sie nur eine Illusion. Sie ist nur eine Spieglung der Wahrheit. Unsere Sinne haben uns getäuscht. Genauer gesagt, unser Gehirn.

Auch im Alltag erleben wir ständig Illusionen. Wir glauben vielleicht jemanden erkannt zu haben und müssen dann feststellen, dass es eine Illusion war. Wir hören eine Stimme, die wir glauben zu kennen, und bemerken auch hier, das es nur eine Illusion war. Es gäbe endlose Beispiele dafür. Doch ist es nicht merkwürdig, wie sehr wir unseren Augen, Ohren, den Sinnen trauen, obwohl sie uns relativ oft täuschen und damit Illusionen vormachen.

Die Wissenschaft hat schon seit längerer Zeit herausgefunden, dass das, was wir zu sehen glauben, nur ein kleiner Bruchteil dessen ist, was wir tatsächlich sehen könnten. Doch filtert das Gehirn den größten Teil dessen, was die Sinnesorgane wahrnehmen, heraus. Unsere Augen geben alles, was sie an Signalen aufnehmen, an das Gehirn weiter und dieses formt ein Bild aus diesen Signalen. Doch zeigt dieses Bild nur einen Bruchteil dessen, was wirklich übertragen wurde. Das Gehirn vergleicht auch alles mit dem, was es schon in der Vergangenheit gelernt hat, und gleicht es dann an. Durch dieses Angleichen glauben wir dann schneller zu erkennen, was für ein Bild wir sehen. Das Angleichen der Signale, die das Gehirn empfängt, spart viel Zeit und wir glauben, schneller erkennen zu können, was wir scheinbar sehen. Wenn wir zum Beispiel etwas unserer Meinung nach Neues sehen, haben wir erst einmal den Eindruck, genauer schauen zu müssen.

Das kommt daher, dass das Gehirn länger braucht, um aus den neuen Eindrücken ein Bild zu formen. Das Gehirn empfängt auch nur elektromagnetische Signale, die unsere Sinnesorgane an es weiterleiten. Es hat nie wirklich gesehen, was es uns als Bild darstellt. Wir sollten uns verdeutlichen, dass alle Signale, die es erhält, nur Daten in Form von elektromagnetischen Signalen sind. Es sind keine „wirklichen" Bilder!

Es formt aus den Daten erst ein Bild. Wie können wir also sicher sein, dass dieses Bild der Wahrheit entspricht? Und würde das Gehirn aus allen Signalen, die es empfängt ein Bild darstellen, so würde es für uns völlig anders aussehen. Es würde auch langsamer entstehen und wir würden nicht mehr verstehen, was wir sehen.

Hierzu eine Aussage von: Vilayanur S. Ramachandran und Diane Rogers-Ramachandran, Forscher am Center for Brain in San Diego:

„Persönliches Erleben in all seiner Vielfalt ist weitgehend eine Illusion, in Wirklichkeit \`sehen\` wir sehr wenig und verlassen uns ansonsten auf – begründete und evolutionär bewährte – Annahmen unseres Denkorgans (Gehirn)."

Was wir sehen ist also, wenn überhaupt, nur ein kleiner Bruchteil der Wahrheit. Das Wort Wahrnehmung deutet schon genau auf diese Tatsache hin. Selbst das, was wir im gesamten Universum glauben, als feste Materie und dementsprechend als wirklich wahrzunehmen, alle Formen vom Kleinsten bis zum Größten, unser Körper inbegriffen, ist weder wirklich fest, noch so, wie es uns scheint. Die Quantenphysik hat erkannt, dass selbst die scheinbar kleinsten Bauteile der Materie nicht fest miteinander verbunden sind. Das Atom ist in seiner Beschaffenheit zu über 90% „leer" und die Entfernung zwischen den einzelnen Atomen ist so groß, dass wenn eins die Größe der Erde hätte, das nächste ungefähr die Entfernung zum Mond hätte. Es ist also mehr als 90% leerer Raum zwischen den Bausteinen der Materie. Der neuste Stand der Wissenschaft besagt sogar, dass ein Atom und auch die Elektronen nicht die kleinsten Teilchen der Materie sind. Das Atom besteht auch nicht nur aus seinem Kern und den Elektronen, sondern ist auch reine energetische Schwingung. (Die String-Theorie gibt hierzu genauer Auskunft). Somit gibt es keine wirklich konstant feste Materie. Wenn wir uns das vor Augen halten, scheint es uns nicht erklärlich, warum wir alles um uns als feste Materie wahrnehmen. Und doch nehmen wir es alle genau so wahr. Wir nehmen es aber nur deshalb so wahr, weil das Gehirn es uns, aus den elektromagnetischen Signalen, die es empfängt, so darstellt. Es zeigt uns damit nur einen Bruchteil der Wahrheit. Wenn wir uns einen Wirbelsturm vorstellen, der sich mit großer Geschwindigkeit bewegt und wir mit einem Auto versuchen würden, durch ihn durchzufahren, würde unser Auto an ihm abprallen. Wenn wir uns alle Staubpartikel, den der Sturm aufwirbelt wegdenken würden, könnten wir ihn nicht sehen. Unsere Augen würden ihn scheinbar nicht wahrnehmen, bis wir dessen „Energie" in Form eines Aufpralls wahrnehmen würden. Erst dann würden wir ihn zur Kenntnis nehmen und auch glauben, das er existiert. Wir glauben an das, was wir sehen, hören oder fühlen. Wir sollten aber anfangen, uns zu verdeutlichen, dass vieles von dem, was wir mit unseren Augen und durch alle Sinnesorgane wahrnehmen, nicht so ist, wie es uns scheint. Auch der Körper und das Gehirn bestehen aus den gleichen kleinsten Bauteilen der Materie. Alles, was die Sinnesorgane des Körpers uns mitzuteilen scheinen, wird erst durch das Gehirn gefiltert und dann unserer geistigen Wahrnehmung übermittelt. Erst dann können wir bewusst wahrnehmen, was wir wahrzunehmen und damit auch zu sehen, zu hören und zu fühlen „glauben"! Das Gehirn ist der Grund dafür, dass wir Materie als fest und undurchdringlich wahrzunehmen glauben. Das Gehirn erschafft für uns eine Illusion und wir machen sie zu unserer Realität, zu unserer Wahrheit, mit der Macht unseres Glaubens an sie!

Genau das sagt uns die Wissenschaft. Das sagen auch alle spirituellen Lehren, nur mit anderen Worten. Die Wissenschaft nähert sich also dem spirituellen Glauben. Somit können auch diejenigen, die keinen spirituellen Glauben haben, anfangen zu erkennen, dass es offensichtlich - oder sagen wir „bewiesenermaßen" - viel mehr gibt, als nur das, was wir gewöhnlich wahrzunehmen glauben. Wenn wir der Wissenschaft Glauben schenken, dann müssen alle materiellen Dinge und damit alle Materie im Universum, welche Form sie auch immer annimmt, Illusionen sein. Und damit auch nur eine Spieglung von Bruchteilen der Wahrheit.

Diejenigen unter uns, die sich ein wenig mit dem Buddhismus auskennen wissen, dass genau das der Inhalt seiner Lehre ist. Sie sagt, das alles, was wir um uns wahrzunehmen glauben, egal welche Form es auch immer annimmt, eine Illusion ist. Auch in anderen spirituellen Lehren wird dieser Glaube immer wieder betont. Das bedeutet:

„Unsere Wahrnehmung, von uns und der Welt, stützt sich nur auf Illusionen! Und diese werden bestimmt durch unseren Glauben an das, was das Gehirn in Form von Bildern, Tönen und Gefühlen, unserer geistigen Wahrnehmung übermittelt!"

An dieser Stelle sollten wir uns bewusst machen, was Wahrnehmung für uns bedeutet. Das Wort Wahrnehmung enthält das Wort „Wahr", von „Wahrheit" und „nehmung", von „nehmen". Wahrnehmen bedeutet also, der Wahrheit etwas zu entnehmen. Doch ist es immer nur „etwas" Wahrheit, also ein „Bruchteil" der Wahrheit, den wir ihr entnehmen oder anders gesagt, den wir wahrnehmen können. Wahrnehmung ist daher immer auch selektiv. Somit ist das, was die Wahrnehmung uns, egal in welcher Form, darstellt, eine Illusion. Sie spiegelt immer nur einen Bruchteil der Wahrheit und ist somit niemals die vollständige und „wahrhaftige" Wahrheit! Eine Fata Morgana ist ein bekanntes Beispiel, auch sie zeigt nur ein Bruchteil der Wahrheit, die wir in Form einer Luftspiegelung wahrnehmen. Alles das bestätigt uns die Wissenschaft.

Somit können wir jetzt, unter der Voraussetzung, dass wir es auch „wollen", unabhängig vom „spirituellen" Glauben erkennen, dass es unendlich viel mehr geben muss, als wir normalerweise wahrzunehmen glauben.

Wie wir anhand der vorherigen Beispiele aus unserem Alltag erkennen konnten, haben wir unseren Sinneswahrnehmungen und damit letztlich dem Gehirn so lange Glauben geschenkt, bis wir bemerkten, dass es uns Illusionen vormachte. Wenn wir etwas als wahr wahrzunehmen glauben, ist es also nur so lange für uns die Wahrheit, bis wir es nicht mehr glauben und somit erkennen, dass es eine Illusion ist.

"Wir erkennen erst dann die Illusion, wenn wir nicht mehr an sie glauben und sich somit für die Wahrheit offenbart"!

„Der Glaube versetzt Berge!“
(1. Korinther, 13,2)

Wie gesagt, können auch diejenigen unter uns, die keinen spirituellen Glauben haben oder dafür offen sind, erkennen, dass die Wissenschaft sich der spirituellen Weltsicht und ihrem Glauben, immer weiter nähert.

Max Planck, neben Albert Einstein einer der größten Physiker unserer Zeit und Nobelpreisträger, sagte wörtlich in einem berühmt gewordenen Vortrag in Bologna:

„Ich habe das Atom erforscht und festgestellt, dass es keine Materie an sich gibt. Alle Materie entsteht und vergeht nur deshalb, weil eine gewisse Kraft existiert, die die subatomaren Teilchen in Bewegung bringt. Die Atome bilden mit den subatomaren Teilchen

grundlegende Konstellationen, die eine mikrokosmische Spiegelung des Makrokosmos sind. Wir müssen hinter diesen Phänomenen die Kraft eines bewussten intelligenten Geistes annehmen und er ist der Urgrund aller Materie. So ist nicht die sichtbare Materie die Realität, sondern der unsichtbare, schöpferische, zeitlose Geist die eigentliche Wirklichkeit! Hiermit verlässt die Wissenschaft das Gebiet der Materie und betritt das Reich des Geistes."

Die Wissenschaft sagt uns also hier, mit den Worten von Max Planck, dass Materie nicht ohne Geist existieren kann. Denn nur der Geist ist schöpferisch, erschafft und bringt Materie hervor. Wie aber erschafft der Geist? Er erschafft immer mit und durch seine Macht der Gedanken! Alles, was der Geist erschafft, erschafft er mit Hilfe seiner Gedanken. Wenn wir also denken, dass, was das Gehirn als Bild darstellt sei „die" Wahrheit, dann täuschen wir uns selbst.

Wir erschaffen damit durch unseren Glauben die Illusionen.

„Wir können sehen,
wie mächtig unsere Gedanken sind"!

Auch diese Aussage bestätigt die Wissenschaft.

Wenn wir im Moment noch fragen sollten:

„Was bringt das Wissen, dass alles, was wir um uns wahrnehmen, eine Illusion ist, was haben wir davon, was verändert sich für uns"?

Auch wenn sich im Moment noch nichts zu verändern scheint, so hilft dieses Wissen doch dabei, uns und die Welt neu verstehen zu lernen. Wir müssen nur bereit dazu sein, uns unvoreingenommen, Schritt für Schritt einer neuen Wahrnehmung von uns und der Welt zu öffnen. Wir haben jetzt die ersten Schritte gemacht und müssen nur bereit sein, die weiteren zu gehen. Wir befinden uns schon auf dem Weg zum Verstehen, wer wir wirklich sind und welch endloses Potenzial in jedem, von uns ist.

„Auch eine Reise von tausend Meilen
beginnt mit dem ersten Schritt!"
(Laotse)

Alle Gedanken-Formen sind erschaffen durch unseren Geist. Wenn wir uns zum Beispiel ein Bild von einem Menschen machen wollen, dann machen wir uns erst einmal Gedanken über ihn. Wenn es positive sind erscheint er uns angenehm, wenn es negative sind, ist er uns unangenehm. Doch haben wir alle in unserem Leben schon Menschen falsch beurteilt und mussten unsere

Gedanken, und somit unseren Glauben, revidieren. So wurde zum Beispiel aus jemandem, den wir zu lieben glaubten jemand, den wir nicht mehr liebten. Jemand, der uns erst unfreundlich erschien wurde zu einem Freund. Wir schätzen auch ständig Situationen falsch ein, egal welche Form sie auch annehmen. Wir glauben beispielsweise, dass uns eine Situation schaden könnte, stellen dann aber fest, dass sie uns nicht geschadet hat, ja dass sie vielleicht sogar gut für uns war. Bei einem Termin mit unserem Vorgesetzten, Lebenspartner, Geschäftspartner oder wer es auch sei, vermuten wir zum Beispiel ein unangenehmes Gespräch und stellen dann überrascht fest, dass es ein angenehmes wurde. Und es war uns vielleicht sogar hilfreich. Es handelt sich hier nur um Beispiele. Wir könnten noch endlos viele anfügen. Spätestens, wenn sich eine Situation für uns verändert, egal welche Form sie annimmt, stellen wir fest, dass wir sie falsch beurteilt haben. Es war eine Illusion, eine Illusion in Form von Gedanken, deren Inhalt wir durch unser Urteil und unseren Glauben daran, erschaffen haben. Es spielt keine Rolle, welche Form eine Illusion annimmt. Sie ist und bleibt immer eine Illusion. Man kann jetzt oberflächlich betrachtet sagen: Wir haben uns nur geirrt. Doch was ist ein Irrtum anderes als ein Hinweis auf eine Illusion. Ein Fehl-Urteil! Es ist offensichtlich, dass ein Irrtum immer ein Fehlurteil ist, der eindeutige

Hinweis auf eine Illusion. Wie wir wissen, ist „die" Wahrheit immer konstant und verändert sich nie. Wir können jetzt sagen, dass alles, was nicht konstant ist und sich verändert, nicht die Wahrheit sein kann. Eine Illusion ist daher nie konstant, egal in welcher Form wir sie auch wahrzunehmen glauben. Alles im Universum, was nicht konstant ist, muss somit zwangsweise eine Illusion sein. Und genau so ist es auch! Sie ist immer nur ein Bruchteil der Wahrheit und damit auch der Veränderung unterworfen.

Alles im Universum, unser Körper inbegriffen, verändert sich ständig und ist damit auch eine Illusion, ein Bruchteil der Wahrheit. Das klingt radikal und für einige von uns vielleicht noch unglaubwürdig. Diejenigen können aber anfangen wahrzunehmen, dass wir es sind, jeder von uns, der Einfluss nimmt auf unsere Wahrnehmung der Realität.

Wir erschaffen durch unser Urteil, und unseren Glauben daran, unsere Wahrnehmung der Wahrheit und damit auch die Illusion. Und genau so erschaffen wir auch unsere Wahrnehmung von der Vergangenheit, Gegenwart und Zukunft.

„Unsere Wahrnehmung der Realität wird durch unser Urteil bestimmt, das damit auch unseren Glauben beinhaltet".

Ohne Glauben könnten wir nicht urteilen. Wir müssen Glauben haben, um etwas beurteilen, oder über etwas urteilen zu können. Etwas, dass wir nicht glauben, das scheinen wir auch nicht beurteilen zu können. Somit bezeugt unser Urteil auch immer unseren Glauben. Unser Urteil ist damit direkt mit unserem Glauben verbunden. Das bestätigt auch, dass unser Urteil und Glaube der Inhalt unserer Gedanken sind.

Jeder Gedanke erzeugt auch ein Gefühl in uns. Egal wie intensiv das Gefühl auch ist, wir fühlen unsere Gedanken. Jeder Gedanke entscheidet somit auch über unser Befinden. Das Wesentliche daran ist, dass unsere Gedanken unsere „Realität“ erschaffen und damit auch den Grad und die Form unserer Zufriedenheit, die wir als Gefühl wahrnehmen!

„Wahre Zufriedenheit erfahren wir immer nur in uns, in Form eines Gefühls! Der Inhalt unserer Gedanken, bestimmt damit den Grad unser Zufriedenheit“!

!

Kapitel V - „Gedanke und Glaube“

Ein Gedanke ohne Glauben wäre ein Gedanke ohne Inhalt und somit „scheinbar“ leer. Doch heißt das nicht, dass wenn wir nicht an etwas glauben, dieser Gedanke leer und ohne Inhalt ist. Er hat sehr wohl einen Inhalt und zwar das, was wir „nicht“ glauben! Wenn wir also, um ein Beispiel zu nennen, nicht an Gott glauben, dann haben wir dafür irgendeinen Grund. Dieser Grund ist unser Glaube. Er ist der Inhalt unserer Gedanken. Welchen Grund der Inhalt unserer Gedanken hat, spielt dabei keine Rolle. Jeder Gedanke hat einen Glauben und damit einen Grund zum Inhalt, egal, ob wir an etwas, oder nicht an etwas glauben. Gedanken sind, wie gesagt, das Ausdrucksmittel unseres Geistes und bezeugen damit immer unseren Glauben, der auch unser Urteil beinhaltet.

Wir kommunizieren und erschaffen im Geiste mit Gedanken. Wir sind auch ständig damit beschäftigt unseren Gedanken zu folgen, ohne uns dessen im allgemeinen bewusst zu sein. Gedanken laufen scheinbar andauernd in unserem Kopf auf und ab, wie bei einem Tonbandgerät, das auf Wiederholung steht. Wenn wir anfangen unsere Gedanken zu beobachten, stellen wir fest, dass der größte Teil von ihnen nur Wiederholungen sind.

Auch hier ändert sich nur die Form. Der Gedankeninhalt ist überwiegend der Gleiche. Die meisten Gedanken scheinen immer problematisch zu sein. Wir sind auch die meiste Zeit damit beschäftigt in Gedanken Probleme zu lösen, egal welche Form sie auch annehmen. Wenn wir uns ehrlich die Frage stellen, worüber wir ständig nachdenken, was unsere Gedanken uns zu sagen scheinen, werden wir bemerken, dass es überwiegend nur um Probleme geht. Wie aber können wir mit solchen Gedanken Zufriedenheit erwarten?

Wenn wir versuchen nur für einen Moment nicht zu denken, werden wir feststellen, wie schwer es uns fällt. Auch wenn wir noch so sehr versuchen uns zu konzentrieren, werden wir sehen, dass es scheinbar unmöglich ist mehrere Sekunden, geschweige denn Minuten, nicht zu denken. Es bedarf viel geistiges Training, um eine längere Zeit nicht denken zu können. Das heißt: Absolut keinen Gedanken in unserem Geist wahrzunehmen.

Es ist die Kunst der Meditation, den Geist in Ruhe zu versetzen. Es ist das Streben aller Meditationsschüler und -lehrer, hierin Meisterschaft zu erlangen.

Man sagt:

„Der Geist soll still werden."

Was ist, wenn der Geist still ist, ohne Gedanken?

Wir schaffen Raum, Platz für Neues in unserem Geist und unserem Leben. Wir schaffen damit auch Platz für Frieden. Wo keine Gedanken sind ist Stille, es ist damit auch Frieden und somit Zufriedenheit. Dort kann kein Problem, keine Angst sein, egal in welcher Form. Wir können nur Angst haben, wenn wir angstvolle Gedanken haben. Unsere Gedanken spiegeln immer auch unsere Ängste wieder. So können wir jetzt mehr und mehr wahrnehmen, wie wichtig es ist, unsere Gedanken zu beobachten. Wie schon gesagt: Der Inhalt dessen was wir denken entscheidet über unser Realität und damit auch über unser Befinden. Unser Glaube und unser Urteil bestimmen den Inhalt unserer Gedanken und damit unsere „Wahr-nehmung" der Realität und auch den Grad unserer Zufriedenheit! Eine bewusste Wahrnehmung der Macht unserer Gedanken ist daher „unsagbar" wichtig, für jeden von uns!

Wer hier noch Zweifel hat, sollte das Folgende bedenken: Alles in der Welt, was jemals von Menschenhand erschaffen wurde, war immer erst ein Gedanke. Jede Idee, egal welche Form sie annimmt, besteht immer aus Gedanken. Egal wie viele unterschiedliche Personen an der Idee Anteil hatten, alle brachten ihre Gedanken mit ein. Alles, was jemals von Menschenhand erschaffen wurde, vom Kleinsten bis zum Größten war immer erst ein Gedanke. Ob Microchip, Streichholz, Flugzeugträger oder Wolkenkratzer, nichts von alledem wäre entstanden ohne einen Gedanken!

„Am Anfang war das Wort!“
(Johannes, 1,1)

Am Anfang der Schöpfung war das Wort, sagt uns letztlich auch: Am Anfang der Schöpfung war der Gedanke! Der Gedanke ist die Grundlage jeder Schöpfung. Genauer gesagt sollte es heißen:

„Am Anfang der Schöpfung ist der Gedanke!“

So können wir erneut wahrnehmen, wie unsagbar machtvoll Gedanken und somit auch unser Geist sein muss!

Nur der Geist erschafft und das mit Gedanken.

Wir erschaffen ständig mit unseren Gedanken und das bewusst und auch unbewusst. Sogar im Schlaf denken und erschaffen wir. Im Schlaf manifestieren sich unsere Gedanken in Form von

Träumen. Wir erschaffen damit auch in unseren Träumen unsere Realität.

Was, wenn wir eines Tages aufwachen und erkennen, dass das, wovon wir dachten, es sei unser Leben, unsere Realität, sich nur als ein Traum offenbart?

?

Traum oder Realität, unsere Gedanken erschaffen beides, dass ist auch für unseren rationalen Verstand ohne jeden Zweifel zu erkennen. Vorausgesetzt, wir „wollen“ es auch erkennen! Das heißt dann auch, dass wir unvoreingenommen sein müssen, um uns neuen Gedanken öffnen zu können.

Der Zustand des ständigen Denkens, ist für uns scheinbar vollkommen normal und es ist uns fast unmöglich, nicht zu denken. Auch sind wir mit unseren Gedanken, die überwiegende Zeit in der Vergangenheit oder in der Zukunft und übersehen dabei, wie schon gesagt, fast vollkommen das Jetzt. Aber nur hier, im Jetzt, können wir Gedanken auch bewusst erschaffen. Nur hier können wir überhaupt „bewusst-sein“ und vor allem bewusst schöpferisch sein. Umso mehr wir lernen, unsere Gedanken bewusst zu beobachten und sie damit auch bewusst zu kontrollieren, umso bewusster werden wir unsere Realität erschaffen.

Wir entscheiden somit bewusst was wir in die Gegenwart, in unser Leben bringen. Wir können „Jetzt“ damit beginnen, unsere Gedanken bewusst zu erschaffen! Wenn wir uns bewusst sind, was wir denken, warum sollten wir dann immer weiter die gleichen alten Gedanken denken wollen, die sich doch offenbar immer nur im Kreis drehen. Warum sollten wir unsere alten problematischen Gedanken der Vergangenheit ständig weiter wiederholen wollen? Es reicht doch zu wissen, dass wir problematische Gedanken haben. Den Inhalt problematischer Gedanken werden wir viel besser lösen können, wenn wir über neue Lösungen nachdenken, wenn wir neue, frische Gedanken erschaffen!

„Ein Problem lösen heißt,
sich vom Problem lösen.“
(Johann Wolfgang von Goethe)

„Sich vom Problem lösen“ heißt damit, sich von den problematischen Gedanken, der Angst zu lösen!

Wie gesagt: Wir sind alle Schöpfer, wir können ständig Neues erschaffen und das mit der Macht unserer Gedanken. Wir müssen nur wirklich glauben „wollen“, das wir es auch können!

Wir müssen anfangen, Vertrauen zu uns selbst, das heißt, in unser wahres Selbst entwickeln zu wollen.

Wir müssen unser wahres Potenzial erkennen und es wahrnehmen wollen!

Die Macht, die kontrollierte Gedanken haben, wird dann bewusst und kraftvoll in unser Leben fließen. Wenn wir unsere Gedanken bewusst beobachten, werden wir positive Gedanken erschaffen. Nur so werden wir auch Positives erfahren.

Umso stärker unser Glaube ist, umso mächtiger sind unsere Gedanken. Wenn wir einen Gedanken haben, in den wir einen starken Glauben investieren, dann ist dessen Manifestation so gut wie gewiss. Egal in welcher Form er sich auch manifestiert. Es ist einzig die Frage: Wie stark ist unser Glaube, wie sehr „wollen" wir glauben?

„Der Glaube versetzt Berge!"

Wenn wir also einen Berg versetzen wollen, sollten wir prüfen, das heißt, uns ehrlich fragen, wie stark unser Glaube wirklich ist. Glauben wir „wirklich" einen Berg versetzen zu können, oder „wünschen" wir nur, es zu können und haben in uns noch immer „Zweifel"?

Es ist ein gewaltiger Unterschied zwischen wahrem Glauben und einem Wunsch.

Wenn wir uns zum Beispiel einen bestimmten Beruf wünschen, dann ist dieser Wunsch auch nur eine Form, in der wir nach Zufriedenheit suchen.

Wenn wir sie aber nur wünschen und nicht wirklich daran glauben, sie auch zu erfahren, dann können wir sie nicht erfahren und der Wunsch wird sich nicht erfüllen. Er ist dann ohne Macht. Wir sagen mit dem rationalen Verstand, zum Beispiel, dass wir nicht wissen, wie er sich erfüllen lässt. Wir haben somit Zweifel, wir nehmen unserem Wunsch damit den Glauben und somit die stärkste Kraft im Universum. Wir haben dem Wunsch, der auch immer ein Gedanke ist, nicht mit der Kraft, mit der Macht des Glaubens erfüllt. Also fehlt es unserem Wunsch-Gedanken an Kraft. Es fehlt uns an Glauben.

Ohne Glauben haben Gedanken keine Macht!

Wir haben letztlich gegen unseren wahren Willen geurteilt, gegen das, was wir wirklich wollen und das ist immer Zufriedenheit, ohne uns dessen bewusst zu sein. Jetzt können wir erkennen, was es für schwerwiegende Konsequenzen für jeden von uns hat, unbewusste und damit unkontrollierte Gedanken zu haben. Wenn wir zum Beispiel einen Wunsch haben etwas zu erreichen, uns aber unbewusst unsicher sind es zu erreichen, dann zweifeln wir. Wir haben damit unbewusst die Macht des Glaubens, in das Erreichen, eines entgegengesetzten Ziels investiert. Hier wird offensichtlich, warum wir das erhalten, was wir nicht wirklich wollten.

Wenn wir zum Beispiel Angst vor etwas haben und damit Gedanken denken, wie: „Ich will nicht krank werden“, dann legen wir auch hiermit unbewusst Glauben in das, was wir nicht wollen. Wir bestätigen damit dessen Realität. Wir haben somit Zeugnis für etwas abgelegt, das wir nicht wollten. Wir haben der Krankheit, diesem Etwas Wirklichkeit verliehen, durch unseren Zweifel daran gesund zu sein.

Und dieses „Zweifeln“ (Etwas) ist immer „Angst“! Wir hatten in diesem Beispiel Angst krank zu werden.

Wir können immer nur dann vor etwas Angst haben, wenn wir glauben, dass es möglich ist, es existiert.

Und somit ziehen wir es durch die Macht unseres Glaubens daran in unsere Realität. Wenn wir Zweifel haben, dann haben wir auch immer Angst um oder vor etwas. So haben wir durch unsere Angst unbewusst Glauben in das investiert, das wir bewusst gar nicht „wirklich“ wollten!

„Furcht (Angst) lässt uns die Dinge anders erscheinen, als sie sind“
(Miguel de Cervantes,
span. Schriftsteller aus dem 16. Jahrhundert)

Und so erhalten wir nur „scheinbar“ paradoxerweise das, was wir nicht wollen. Was wir hieraus erkennen sollen ist, dass wir immer bewusst und positiv denken sollen. Das heißt: Wenn wir etwas nicht wollen, sollten wir uns dessen bewusst sein und das Gegenteil von dem denken, was wir nicht wollen. Wir sollen unsere Gedanken bewusst kontrollieren und bewusst formulieren. Wir sollen sie in eine positive Form bringen, das heißt den Inhalt mit positiven Glauben füllen!

Wir müssen vor allem an das Positive glauben wollen! Das ist die absolute Voraussetzung für dessen Manifestation!

Denken wir an Stelle von „Ich will nicht krank werden“: „Ich will gesund sein“! Noch eindeutiger: „Ich bin gesund“!

So geben wir unseren Gedanken die Macht, dass Positive zu manifestieren.

Wenn wir etwas mit dem Glauben und damit auch mit der Vorstellungskraft denken können, als wäre es schon so wie wir es haben wollen, dann ist die Manifestation so gut wie gewiss. Wir können es schon förmlich, „bildlich“ vor uns sehen. Es ist daher unbedingt erforderlich, ohne Zweifel zu glauben.

Auch wenn es uns noch schwer fallen sollte. Dazu müssen wir anfangen, Vertrauen in unser wahres Selbst haben zu wollen. Wir müssen prüfen ob wir wirklich dazu bereit sind daran zu glauben. Nur wenn wir anfangen, Vertrauen in uns und damit in die Macht unserer Gedanken zu entwickeln, können wir diesen Macht auch bewusst in unser Leben fließen lassen.

So erschaffen wir nicht nur positive Gedanken, wir erschaffen Positives in unserem Leben. Wir holen so das Positive in unsere Realität.

Man kann auch sagen: Wir geben durch unsere Gedanken Positives und erhalten Positives, durch die Manifestation, die die Macht unserer Gedanken bewirkt.

Wir alle kennen Menschen, die scheinbar nie krank sind und die meiste Zeit eine optimistische Ausstrahlung haben. Viele von uns fragen sich dann, wieso gerade diese Menschen immer Glück in ihrem Leben zu haben scheinen. Wenn wir diese Menschen bewusst wahrnehmen, werden wir sehen, dass sie überwiegend positive Gedanken haben. Da Gedanken machtvoll sind, wenn wir einen starken Glauben in sie investieren, erfahren wir durch positives Denken auch Positives. Und genau das haben diese Menschen: Einen starken Glauben in ihre positiven Gedanken!

Wir sollten aber nie außer acht lassen, dass wir sowohl Positives als auch Negatives mit der Macht unserer Gedanken erschaffen. Und das sowohl bewusst als auch unbewusst! Wir sollten daher, wie gesagt, immer darauf achten bewusst, im Sinne von wachsam, mit dieser Macht umzugehen. Egal, was wir erfahren wollen, oder auch nicht erfahren wollen, wir sollen unsere Gedanken immer und ausnahmslos ins Positive formen. Aus „Ich will nicht krank sein" wird „Ich will gesund sein", noch besser mit dem Gefühl und im Geiste schon „bildlich" vor Augen:

„Ich bin gesund!"

Die Aussage „Ich bin" ist die mächtigste Aussage, die es für uns alle gibt. Aber nur wenn sie mit absoluten Glauben erfüllt ist!

Auch wenn es einige geben sollte, die jetzt noch Zweifel haben, so ist es nur eine Frage der Zeit, bis ihr Zweifel vergeht. Es bedarf dafür nur dem Willen, es glauben zu wollen. Alles, was wir bildlich so sehen können, als sei es schon so, wie wir es wollen, hat das Potenzial sich zu erfüllen, wenn unser Glaube stark genug ist und es bleibt. Wir visualisieren und manifestieren so das, was wir wollen.

Es gibt viele wissenschaftliche Studien, die belegen, dass Menschen Heilung erfahren haben, die wissenschaftlich (noch) nicht erklärt werden kann. Man spricht hier von Spontanheilung oder Placeboeffekt. All diese Menschen hatten aber eines gemeinsam. Sie alle hatten Glauben. Glauben, dass sie wieder gesund werden. Einige von ihnen glaubten an das Medikament. Ein Placebo ist nur ein neutrales Mittel. Es enthält kein Medikament. Auch hier war es der Glaube an das Medikament, was die Heilung erzeugte. Wenn Menschen, die von der Medizin schon aufgegeben wurden, plötzlich geheilt sind, spricht man von Spontanheilung. Auch wenn es (noch) keine wissenschaftliche Erklärung für diese Heilungen gibt, finden sie immer wieder statt.

Der Glaube gesund zu „sein“, oder es zu werden, ist die Macht, die die Heilung bewirkt!

Umso bewusster wir mit der Macht unserer Gedanken umgehen, umso positiver werden wir unser Leben gestalten können. Wir verändern unser Bewusstsein und damit unsere Wahrnehmung, wir erweitern beides und erkennen damit auch unser endloses Potenzial.

Kapitel VI - „Bewusstsein"

Im Allgemeinen glauben wir zu wissen, was das Bewusstsein oder auch das „Sich-Bewusst-sein" ist. Doch keiner von uns hat das Bewusstsein jemals gesehen oder weiß, wo es sich befindet. Auch die Wissenschaft hat es bisher nicht lokalisieren können. Doch können wir in dem Wort „Bewusstsein", schon das Wort „Sein" erkennen! Es weist uns also schon darauf hin, was es wirklich ist.

„Sein oder nicht sein, das ist hier die Frage"!

Auch dieser bekannte Satz weist sehr genau darauf hin. Er weist uns auf unser Selbst hin. Unser wahres Selbst! Somit ist das Bewusstsein eins mit uns. Das Bewusstsein ist ein Teil von uns, von jeden von uns. Eins mit unserem Geist, unserem wahren Selbst!

In welchem Grad von Bewusstheit wir uns befinden, das heißt, wie bewusst wir uns dessen sind, was wir wahrzunehmen glauben, ist nur ein bestimmter Zustand, in dem wir uns befinden. Es ist der so genannte Bewusstseinszustand. Genauer gesagt: Es ist unser Geisteszustand.

Geisteszustand und Bewusstseinszustand sind damit „eins".

Unser Bewusstsein ist eins mit unserem Geist, unserem wahren Selbst. Wer außer uns nimmt wahr, was wir wahrzunehmen glauben. Wer außer unser Selbst trifft Entscheidungen und beurteilt alles das, was wir wahrzunehmen glauben. Doch nur wir, jeder von uns und damit wir Selbst, unser „Geist"!

Der Wissenschaftler Wilder Penfield sagte Folgendes:

„Auf die eine oder andere Art ist die Frage nach der Natur des Geistes ein elementares Problem, vielleicht das Schwierigste und Bedeutendste aller Probleme. Ich habe mein ganzes Leben als Wissenschaftler damit verbracht, zu erforschen, wie das Gehirn das Bewusstsein steuert. Nun muss ich in dieser abschließenden Zusammenfassung meiner Ergebnisse überrascht feststellen, dass die Hypothese des Dualismus die vernünftigere Erklärung ist"!

(Wilder Penfield: „The Mystery of Mind")

Penfield sagt also zusammengefasst: Der Geist existiert getrennt vom Gehirn und Körper.

Wir könnten alles was wir wahrnehmen, egal in welcher Form wir es auch wahrzunehmen glauben, verleugnen. Wir könnten alles als reine Illusion betrachten.

Wir könnten das, was wir wahrzunehmen glauben, falsch beurteilen. Alles, was das Gehirn uns übermittelt, könnte vollkommen falsch von uns gedeutet sein. Wir können aber nicht behaupten, dass wir das alles *nicht* wahrnehmen! Die Tatsache, dass wir wahrnehmen bleibt unumstößlich! Unsere gesamte Wahrnehmung könnte falsch und somit eine Illusion sein. Doch würde eins immer wahrhaftig sein, dass jeder von uns „es“ ist, der wahrnimmt, das „Bewusst-Sein“, unser „Geist“! Da wir alle wahrnehmen, müssen wir auch alle „sein“! Dass wir wahrnehmen, bezeugt uns unsere Existenz.

Wir sind wahrhaftig, weil wir wahrnehmen!

Nicht der Körper oder das Gehirn nehmen irgendetwas wahr. Sie übermitteln nur Signale, die wir, jeder von uns, in Form von Bildern und Tönen und Gefühlen wahrnehmen. Der Körper und das Gehirn sind vollkommen unmotiviert und treffen keine Entscheidungen. Sie können nicht beurteilen, was die Signale bedeuten könnten. Sie sind nicht in der Lage, wie der Geist, etwas zu beurteilen oder Entscheidungen zu treffen. Sie sind ohne Geist nicht entscheidungsfähig. Sie sind letztlich nur Werkzeug für den Geist. Sowohl der Körper, als auch das Gehirn bestehen aus den gleichen kleinsten Bauteilen der Materie. Sie sind in ihrer Grundbeschaffenheit identisch. Beide sind ohne geistige Kraft auch nicht „denkbar"! Sie übermitteln nur das, was der Geist wahrnimmt. Sie haben keine vom Geist unabhängige Wahrnehmung.

Wie schon gesagt, haben wir uns seit unserer Geburt gelehrt, wer wir glauben zu sein. Von Kindheit an ist unser Körper der Überbringer aller Signale, die wir wahrnehmen. Daher identifizieren wir uns von Kindheit an mit unserem Körper und glauben, er sei wir. Wir glauben im Allgemeinen, er sei unser wahres Selbst. In Wahrheit haben wir uns durch unseren Körper über die Zeit gelehrt, wer wir zu sein „scheinen"!

Wir identifizieren uns mit dem Körper und auch mit unserer sogenannten Lebensgeschichte. Sie sagt uns, wer wir scheinbar sind. Dass wir über diese oder jene Gaben verfügen, bestimmte Schwächen oder Stärken haben. Es spielt keine Rolle, wie viele Beispiele wir anführen. Wir machen uns ein Bild von uns selbst oder auch von anderen, aufgrund dessen, was wir uns in der Vergangenheit beigebracht, beziehungsweise gelehrt haben. Wir haben so auch unseren Verstand entwickelt, ihn geformt. Unser rationaler Verstand scheint uns zu sagen, was richtig oder falsch ist. Er ist scheinbar der Entscheider und fällt das Urteil über uns und alles andere. Wenn wir aber unseren Verstand aus den Erfahrungen unserer Vergangenheit und somit aus alledem, was wir über uns selbst zu wissen glauben, erlernt haben, dann haben wir ein „eigenes" Selbst erschaffen! Wir haben uns ein Selbst gelehrt, das wir glauben zu sein.

In Wahrheit aber haben wir das „Ego", das wir als unser „Selbst" wahrzunehmen glauben, erschaffen!

Genau das haben wir getan. Es ist uns in der Regel nur nicht bewusst, dass wir uns genau damit identifizieren. Hat sich nicht jeder von uns schon irgendwann einmal die Frage gestellt: „Wer, beziehungsweise was bin ich wirklich und was ist das sogenannte Ego, das in mir zu sein scheint?"

Das Ego ist selbstverständlich nicht unser wahres Selbst, es ist nur ein bestimmter Geisteszustand in dem wir uns befinden. Wenn wir zum Beispiel, von einem Menschen, mit einem großen oder kleinen Ego sprechen, dann beziehen wir das, auf seine Persönlichkeit, auf seine Ausstrahlung, die er auf uns und andere hat. Man kann sagen:

Dieser Mensch befindet sich in einem bestimmten Geisteszustand und hat eine ganz bestimmte Wahrnehmung von sich selbst, die er sich gelehrt hat und uns durch sein Verhalten mitteilt.

Wie stark oder schwach sich das Ego eines jeden für uns darstellt, ist immer abhängig von seinem jeweiligen Geisteszustand. Menschen mit einem großen Ego unterscheiden sich in ihrer Ausstrahlung auf andere gravierend von denen mit einem kleinen Ego.

Im allgemeinen nehmen wir in uns selbst das Ego kaum wahr. Die Meisten von uns glauben nur selten, ihr eigenes Ego wahrzunehmen. Doch wenn wir anfangen, uns selbst bewusster wahrzunehmen, werden wir erkennen, dass wir sehr wohl mit unserem Ego verhaftet scheinen. Denn das Ego identifiziert sich immer mit dem Körper, was auch nicht unlogisch erscheint wenn wir bedenken, dass wir uns vom Körper haben lehren lassen, wer wir glauben zu sein. Auch wenn uns das größtenteils nicht bewusst ist.

Wie gesagt, wir haben uns aufgrund unserer Wahrnehmung, der Signale, die uns der Körper (das Gehirn) übermittelt, unser scheinbar eigenes Selbst gelehrt.

Wir haben auch hier geurteilt, wir haben uns „selbst beurteilt"!

Wenn wir uns ausschließlich mit unserem Körper, als unserem wahren Selbst identifizieren, dann heißt das, wir befinden uns im Geisteszustand des Egos und sind damit in ihm verhaftet!

Unser Geisteszustand ist damit „egoistisch"!

Im Allgemeinen glauben wir nur dann egoistisch zu sein, wenn wir überwiegend an uns und nicht an Andere denken. Doch ist das nicht die ganze Wahrheit. Wir sind bereits schon egoistisch und damit im Geisteszustand des Ego, wenn wir uns als getrennt, als getrennte Wesen und somit getrennt von allem anderen wahrnehmen. Das „Ego-Bewusst-sein" glaubt an Trennung, an Ungebundenheit, das muss es auch, sonst könnte es sich nicht mit dem Körper identifizieren. Der Körper ist das „Symbol" der Trennung. Körper können sich nicht verbinden. Sie können sich zwar annähern, aber nie wirklich verbinden! Der Körper ist damit immer autark. Wer an den Körper als sein wahres Selbst glaubt, glaubt zwangsweise und unausweichlich auch an den Tod und somit an Vergänglichkeit. Daher muss für das Ego-Bewusst-sein der Tod unausweichlich sein. Auch wenn es den Tod nicht will und versucht diese Tatsache zu verdrängen, so hat es doch letztlich keine Wahl.

Am Ende steht für das Ego immer der Tod!

Das Ego glaubt also immer an den Körper. Es sieht sich als eins mit ihm. Das wahre Selbst-Bewusstsein sieht sich nicht als Körper, es nimmt ihn zwar wahr, doch dient es ihm nur als Mittel zum Zweck. Man kann sagen:

„Der Körper dient dem Geist als Werkzeug!"

Wenn wir uns unserem wahren Selbst nähern, werden wir erkennen, dass wir nicht nur Körper, sondern dass wir geistige Wesen sind. Auch wenn es einigen noch schwerfallen sollte, das zu akzeptieren. Es ist in der Regel schwer für unseren rationalen Verstand, an etwas zu glauben, was scheinbar keine Form hat. Wie gesagt, scheint uns alles, was wir nicht sehen können oder direkt erfahren haben, eher unglaubwürdig. Damit ist für unseren rationalen Verstand der Geist auch scheinbar nicht real. Unseren Geist können wir nicht sehen, er hat keine Form. Er kann nur durch Lernen des Verstandes von ihm begriffen werden. Der Geist kann auch nicht von irgendetwas getrennt sein. Er hat keine Begrenzung, keinen Körper und damit keinen Raum, der ihn umhüllt. Er ist grenzenlos, sozusagen endlos, ohne Anfang und auch ohne Ende.

Wenn der Geist keine äußere Begrenzung hat, dann kann er auch nicht von einem anderen Geist getrennt sein, sondern ist immer mit allem verbunden und damit eins! Das heißt: Wir alle sind in Wahrheit miteinander verbunden und *„Eins“!*

Das ist für den rationalen Verstand nicht fassbar und daher auch nicht Realität! Es fehlt ihm damit auch der Wille, es verstehen zu können. Wo kein Wille ist, ist scheinbar auch kein Weg!

Wie wir wissen, verfügt unser Geist über den freien Willen und kann damit glauben, was immer er will. So kann er sich auch täuschen, wenn er es will und das kann er sowohl bewusst als auch „unbewusst“ wollen. In diesem Fall glaubt er dann auch an Illusionen. Er kann sich damit auch als getrennt wahrnehmen, wenn er an Illusion glauben will. Nichts in der Welt, wie wir sie wahrzunehmen glauben, ist freier als unser Geist. Niemand kann dem Geist Einhalt gebieten, er ist frei zu denken was immer er will und damit auch Allmächtig. Wenn der Geist sich als getrennt wahrnehmen will, wird das jedoch weder ihn noch die absolute Wahrheit verändern. Die Wahrheit ist, wie wir ja wissen, immer konstant. Somit bleibt auch der Geist immer so wie er ist.

Egal, welche Illusion er auch immer für oder über sich erschafft. Er bleibt somit immer „Eins“, mit der Wahrheit!

Wir müssen uns an dieser Stelle auch bewusst sein, dass der Geist eins ist mit unserem wahren Selbst.

Der Geist ist eins und unsere wahre „Identität"!

Das heißt: Wen oder was auch immer jeder von uns beschließt, als Wahrheit wahrzunehmen, verändert nicht „die" Wahrheit selbst, und damit auch nicht das „wahre" Selbst!

Jeder, der glaubt die Wahrheit verändern zu können, erschafft damit immer nur eine Illusion. Jeder ist und bleibt in seiner Essenz immer wie er ist, unverändert eins mit dem wahren Selbst, das:

„Er ist"!

Wir können auch sagen: jeder ist eins mit dem:

„Ich bin"!

Auch in der Bibel heißt es: ich bin das

„Ich bin"!

Wir sagten schon, wenn ich mich wahrnehme, dann bin ich. Wir sind alle wahrnehmende Wesen, geistige Wesen und darum sind wir. „Wir sind“ ist die erste Person Pluralform von „Ich bin“. Beides ist also dasselbe, „Eins“! Wir können den Körper nicht verbinden, aber unser wahres Selbst, der Geist, ist mit allem was wahrhaft ist, verbunden. Der Geist ist eins mit der Wahrheit. Wenn wir anfangen, uns als geistiges Wesen wahrzunehmen, dann sind wir auf dem Weg, der uns nach Hause führt, nach Hause zu unserem Selbst und damit zu wahrer Zufriedenheit. Diesen Weg, nach Hause zu gehen heißt, uns nach innen zu kehren. Wir fangen an auf unsere Innere Stimme zu hören. Wir fangen an zu verstehen, wer wir wirklich sind und sehen uns nicht mehr nur als körperliche Wesen. Wir werden damit auch unser unbegrenztes Potenzial erkennen, unsere Gaben, egal in welcher Form sie auch zutage treten. Und sie werden zutage treten, wenn wir uns wirklich erkennen „wollen“! Wir werden damit erkennen, dass dieser Weg der Weg zu unserer Erinnerung ist, wer wir wahrhaftig sind. Wir können es auch Offenbarung nennen. Wir erkennen, dass wir nie von unserem wahren Selbst getrennt waren, noch sind, wir mussten uns nur wieder daran erinnern „wollen“. Man kann auch sagen:

"Das Christusbewusstsein erwacht in uns"!

Schauen wir jetzt auf die Titelaussage des Buches:

„Illusion - Spielzeug der Wahrheit"!

Wie wir erkannt haben, ist der Geist eins mit der Wahrheit. Wir können also anstelle von „Illusion - Spielzeug der Wahrheit" sagen:

„Illusion - Spielzeug des Geistes"!

Der Geist spielt also mit den Illusionen. Wir kommen jetzt dem tieferen Sinn des Buchtitels schon näher. Wir fangen an mehr und mehr zu verstehen, was uns der Titel sagen will. Sehen wir uns hierzu auch die Aussage der Wissenschaft noch einmal an. Sie sagt uns Folgendes, mit den Worten des Physikers und Nobelpreisträgers, Max Planck:

„Ich habe das Atom erforscht und festgestellt, dass es keine Materie an sich gibt. Alle Materie entsteht und vergeht nur deshalb, weil eine gewisse Kraft existiert, die die subatomaren Teilchen in Bewegung bringt. Die Atome bilden mit den subatomaren Teilchen grundlegende Konstellationen, die eine mikrokosmische Spiegelung des Makrokosmos sind. Wir müssen hinter diesen Phänomenen die Kraft eines bewussten intelligenten Geistes annehmen und sie ist der Urgrund aller Materie!"

Wenn wir der Wissenschaft Glauben schenken, dann ist alle Materie, wie schon gesagt, durch den Geist erschaffen. Wenn der Geist Materie erschafft, dann sagen wir auch, dass Gedanken Materie erschaffen, denn der Geist erschafft alles ausschließlich mit seinen Gedanken.

„Und genau das tun wir, jeder von uns"!

Die meisten sind sich dessen nur noch nicht wirklich bewusst. Die Wissenschaft hat festgestellt, dass das menschliche Bewusstsein Einfluss auf die Ergebnisse von Versuchen hat, die in der Quantenphysik praktiziert werden. In diesen Versuchen, werden Experimente mit den kleinsten Teilchen der Materie durchgeführt. So konnte bewiesen werden, das die Versuche, die ohne einen Beobachter der Messung des Versuchs durchgeführt wurden, immer andere Resultate erzielten, als die, die mit Beobachter durchgeführt wurden. Diese Erkenntnis wurde in hunderten von Versuchen immer und ausnahmslos bestätigt. (Das so genannte Doppelspaltexperiment gibt hierzu weiteren Aufschluss). Es konnte damit bewiesen werden, dass der Geist, also jeder von uns, zweifelsfrei Einfluss auf das Verhalten von Materie hat. Auch das bestätigt uns erneut eindeutig, dass wir (unser Bewusst-Sein), unsere Realität erschaffen.

Bei denjenigen, die immer noch großen Zweifel haben sollten das alles glauben zu können, kann es sein, dass sie nicht den „Willen“ haben, es glauben und somit auch verstehen zu können. Denn auch unser Wille entscheidet mit über das, was wir wahrnehmen und als Realität akzeptieren. Ohne Willen können wir nicht urteilen, und somit auch nicht glauben. Ohne jeden Willen wären wir nicht in der Lage irgendwas zu tun. Was wir nicht glauben oder tun wollen, das glauben oder tun wir, wenn überhaupt, nur widerwillig. Der Widerwille ist aber auch ein Wille. Es ist ein scheinbar fremder Wille, den wir annehmen. Er wird immer dann zu unserem Willen, wenn wir unter Druck, unter Zwang stehen und damit dem Einfluss der „Angst“ unterworfen sind! Die Angst ist immer der Grund dafür, wenn wir einem scheinbar fremden Willen folgen. Doch ist auch er unser Wille und nur durch unseren Glauben, für uns real. Ohne Willen gibt es keinen Weg.

„Nur wo ein Wille ist, ist auch ein Weg"!

Kapitel VII - „Wille“

Was wären wir ohne unseren Willen? Umso stärker unser Wille ist, umso stärker fühlen wir uns. Wenn wir zum Beispiel etwas nicht tun wollen, fehlt uns ganz offensichtlich nur der Wille, es tun zu wollen. Wir sind nicht in Harmonie mit dem, was wir tun sollen. Es erscheint uns daher so, als sollten wir einem „fremden“ Willen unterstellt werden. Aber könnte ein fremder Wille wirklich über uns Macht ergreifen? Da wir davon ausgehen, dass wir alle einen freien Willen haben, kann das nicht sein. Nur unter Zwang scheinen wir unseren freien Willen zu verlieren. Doch auch wenn wir unter Zwang scheinbar einem fremden Willen folgen, um vielleicht Schaden von uns abzuwenden, so bleibt es doch immer unsere „Entscheidung“, uns dem fremden Willen zu unterwerfen. Wir verlieren also scheinbar immer dann die Kontrolle über unseren freien Willen, wenn wir Angst haben. Nur die Angst kann uns die Kontrolle über unseren freien Willen und damit auch die Kontrolle über unsere Gedanken und die Macht, die diese haben, nehmen und auf ein Ziel lenken, dass wir nicht wirklich wollen!

Unser Wille und unser Glaube bestimmen zusammen darüber, in welchen Maß wir uns der Macht unserer Gedanken bedienen können. Umso größer der Glaube, vereint mit einem starken

Willen ist, umso stärker und mächtiger sind unsere Gedanken. Daraus können wir entnehmen, wie wichtig es ist, wahrzunehmen, dass wir über die Macht des freien Willens verfügen können. Nur die Angst scheint uns unseren freien Willen streitig machen zu können. Er gibt unserem Glauben die Stärke, mit dessen Hilfe wir, mit unseren Gedanken, erschaffen. Alles, was wir jemals erreicht haben oder noch erreichen werden, war oder ist immer abhängig von der Macht unserer Gedanken und damit von dem Willen und Glauben, den wir in sie investieren. Sowohl das Banalste als auch das Unglaublichste, was je von Menschen erreicht wurde, konnte nur durch den Glauben und den Willen, die sie in ihre Gedanken investiert haben, erreicht werden. Und nur so konnte alles das auch erst erfahren werden!

Das heißt: „Alles", was wir jemals erschaffen und erfahren, ist abhängig von unserem freien Willen und unserem Glauben, die das Maß der Macht, die wir in unsere Gedanken investieren, bestimmen!

Aber:

Auch „unbewusste" Gedanken verfügen über diese Macht und erschaffen damit. Sie verfügen auch über die Stärke, die Macht, die unser Willen und unser Glaube bestimmt, aber führen sehr oft zu dem, was wir „nicht wirklich" wollen! Daher erfahren wir auch alles denkbare, dass wir nicht erfahren wollen und auf das wir nur „scheinbar" keinen Einfluss haben. Es ist daher, wie schon gesagt, unermesslich wichtig bewusst Gedanken zu erschaffen. Nur so können wir auch das in unser Leben holen, was wir wirklich wollen. Wenn wir es schaffen, nur noch bewusst mit der Macht unserer Gedanken umzugehen, werden wir an nichts mehr glauben, was wir nicht „wirklich" glauben wollen. Wir haben damit auch die Kontrolle über uns selbst und über unser Leben. Wir würden damit nichts mehr erfahren, was wir nicht wirklich erfahren wollen. Und was wir alle nicht erfahren wollen, ist Angst, egal in welcher Form! Wenn wir also noch das erfahren, was wir nicht wirklich erfahren wollen, Angst in jeder Form, so ist das nur möglich, weil wir noch nicht ausnahmslos bewusst auf die absolute Macht unser Gedanken zugreifen.

Und warum tun wir es dann nicht?

Die Antwort ist sehr einfach und doch scheinbar nicht für jeden offensichtlich, genauso wie es auch die Wahrheit, für die meisten von uns, nicht zu sein scheint. Wir „wissen" oder wir „glauben" es einfach noch nicht, dass wir über diese Macht verfügen! Wir „können" oder „wollen" es vielleicht auch noch nicht wahr haben. Das ist auch der Grund für unsere Unwissenheit über das grenzenlose Potenzial, dass ein jeder von uns besitzt!

Wenn wir anfangen uns hierüber bewusst zu werden, haben wir einen der „größten" Schritte auf unserem Weg getan. Unser wahres Selbst besitzt die Macht und erzeugt unseren Willen und unseren Glauben, die sich in unseren Gedanken zeigen, egal in welcher Form sich diese offenbaren.

Wir können anfangen wahrzunehmen, dass die Entscheidung, was wir glauben wollen und damit erfahren werden, davon abhängen muss, in welchem Geisteszustand wir uns befinden. Wollen wir etwas mit unserem wahren Selbst-Bewusst-sein, man kann sagen, dem „Gott-Gegebenen"? Oder wollen wir etwas mit dem Ego-Bewusst-sein, dem von uns erlernten Selbst. Wenn wir etwas mit unserem Ego-Bewusst-sein wollen, müssen wir unser wahres Selbst unterdrückt, es verleugnet haben. Oft macht sich dann bei uns ein unangenehmes Gefühl bemerkbar. Wenn wir ein unangenehmes Gefühl haben, dann fühlen wir uns auch unsicher. Wir sind dann scheinbar im Zwiespalt mit uns. Im Zwiespalt zu sein heißt, der Geist ist sich un-eins. Er ist scheinbar nicht mehr eins mit sich selbst, mit dem wahren Selbst.

Wenn wir zum Beispiel sehr mit unseren Belangen beschäftigt sind und darüber einen Menschen vergessen, werden wir ein mehr oder weniger schlechtes Gefühl bekommen. Man könnte sagen: Unser „schlechtes" Gewissen meldet sich. Besser wäre es so gesagt: Unser „gutes" Gewissen. In Wahrheit meldet sich unser wahres Selbst. Es will, dass wir uns an das „Eins-sein", das Füreinander-da-sein erinnern. Es will Harmonie!

Viele von uns kennen den Satz:

„Wir alle sind Gottes Kinder, wir alle sind Eins"!

Unser selbst erlerntes Selbst, das Ego will sich unterscheiden. Es will von allem unabhängig sein und darauf legt es großen Wert. Unser wahres Selbst sieht keine Unterschiede. Sein Wille ist Einheit mit allem. Es ist mit allem verbunden und dehnt sich mit allem, durch Gedanken, weiter aus. Es ist die Quelle aller Gedanken und Ideen, die sich endlos ausdehnen. Das Ego hat vor der Vereinigung Angst. Es muss Angst haben. Wenn es sich wirklich vereinen könnte, dann würde es seine Existenz, seine für sich beanspruchte Einzigartigkeit, verlieren. Das Ego würde seiner Meinung nach mit allem verschmelzen und nicht mehr als einzelnes Individuum bestehen. Das Paradoxe daran ist, und damit lässt sich eindeutig der gesamte Widerspruch den das Ego darstellt erkennen, dass es sich, gerade weil es sich mit dem Körper und nicht mit dem wahren Selbst identifiziert, selber zum Tode verurteilt. Der Weg zu seinem Ende ist immer garantiert. Glaubt es an das wahre Selbst, müsste es mit ihm verschmelzen und würde sich dadurch aufgeben. Da es sich als Körper wahrnimmt, wird es vergehen, weil der Körper früher oder später vergeht. Doch versucht das Ego dies zu verheimlichen. Wer würde an das Ego und damit an den Körper als sein Selbst glauben wollen, wenn er weiß, dass dieser Glaube ihn „immer" in die „Angst" und damit in den sicheren Tod führen wird? Wir sollten uns jetzt vor Augen halten, was es für jeden von uns bedeutet sein Ego „aufzugeben". Und damit keine Angst und auch keinen Tod mehr zu erfahren!

Solange wir immer noch Angst, in irgendeiner Form erfahren, gibt es immer nur einen Grund dafür: Wir lassen das Ego-Bewusst-sein unsere „Realität" erschaffen!

Viele glauben, dass der Tod scheinbar irgendwann zu jedem von uns kommt. Und doch versuchen gerade diejenigen im Allgemeinen, diesen Gedanken zu verdrängen. Nur die wenigsten von uns setzten sich mit diesem Gedanken wirklich auseinander. Wenn wir uns davor verschließen, uns nicht als geistiges Wesen wahrzunehmen und nicht wirklich an unser wahres Selbst glauben wollen, dann bleibt uns nur der Körper, der aber wird vergehen! Wenn wir uns aber öffnen können, uns einer neuen Sicht, einer neuen Wahrnehmung von uns und der Welt bewusst werden wollen, dann werden wir auch den Tod besiegen! Wir sind alle geistige Wesen und damit Schöpfer, wir können ständig neues erschaffen, mit der Macht unserer Gedanken, die unser Geist erschafft.

Diese neue Wahrnehmung von uns wird uns wahre Zufriedenheit erst ermöglichen!

Hierzu noch eine Aussage von Prof. Dr. Hans-Peter Dürr, ehem. Direktor des Max-Planck-Instituts für Physik, München, im P.M. Magazin im Mai 2007:

„Im Grunde gibt es Materie gar nicht. Jedenfalls nicht im geläufigen Sinne. Es gibt nur ein Beziehungsgefüge, ständigen Wandel, Lebendigkeit. (...) Wir können es auch Geist nennen."

Die neue Wahrnehmung

Die neue Wahrnehmung macht deutlich, dass es unendlich viel mehr gibt als nur das Offensichtliche. Auch die Wissenschaft hat das längst erkannt. Umso weiter wir unseren Verstand, ohne Vorurteile aus den Gedanken der Vergangenheit für ein neues Denken öffnen, umso deutlicher werden wir erkennen, dass wir mehr sind als nur ein Körper. „Unendlich" viel mehr! Die Wissenschaft spricht von dem Quantenfeld, einem Energiefeld, aus dem Materie entsteht. Max Planck spricht von einem Bewusstsein, einem intelligenten Geist, der Materie hervorbringt und sie damit erschafft. Alles das klingt sehr vertraut, wenn wir uns die Jahrtausende alten Lehren ansehen. In der Essenz ihrer Aussage stimmen sie alle damit überein:

Sie sprechen alle von uns als „geistige" Wesen!

Wie wäre unser Leben, wenn wir uns sicher wären, dass es für uns keinen Tod gibt? Wenn wir vollkommen sicher wären, egal was uns auch immer noch erwarten könnte? Wir würden absolut keine Angst mehr haben!

Ohne jegliche Angst würde sich das Leben für jeden von uns „grundlegend" verändern.

Jetzt schauen wir noch einmal auf den Titel:

„Illusion - Spielzeug der Wahrheit"!

Was will er uns mitteilen? Um überhaupt einen Sinn aus dieser Aussage entnehmen zu können, müssen wir zunächst erkennen, was die Illusion (das Spielzeug) und was die Wahrheit (der Spieler) ist. Wie wir wissen, ist der Geist eins mit der Wahrheit. Er erschafft Materie durch sein Bewusstsein, durch sein Bewusstseinsfeld, wie es die Quantenphysik, mit den Worten von Max Planck, definiert. Alle Materie im Universum vergeht früher oder später und ist somit „unausweichlich" eine Illusion!

So haben wir jetzt die Illusion (das Spielzeug) und auch die Wahrheit (den Spieler) erkannt!

Jetzt können wir die Titelaussage des Buches übersetzen.

An Stelle von:

„Illusion - Spielzeug der Wahrheit"

sagen wir jetzt:

„Materie - Spielzeug des Geistes".

Der Geist, unser wahres Selbst, spielt mit Illusionen, der Materie, egal in welcher Form. Unser wahres Selbst ist eins mit der Wahrheit und besteht ewig. Nicht das Gehirn oder der Körper, das ist alles Materie und vergeht früher oder später. Besser gesagt: Es wandelt sich wieder in seinen Ursprung.

Mit den Worten der Wissenschaft besteht alles im Universum in seiner Essenz aus Energie. Sie bringt Materie hervor und diese wandelt sich immer wieder um. Die Energie selbst vergeht nie! Energie ist aber spirituell wahrgenommen „Geistige Kraft"!

Wir können sagen: Wir alle sind Teil dieser geistigen Kraft. Wir alle sind damit auch Teil Gottes, seine Kinder, seine „Gedanken", Teil seines Geistes! Nur der reine Geist (reine Energie) ist wahrhaftig und ewig. Alles andere ist Illusion und wandelt sich daher ständig!

Jetzt ist es an der Zeit für eine Interpretation der Schöpfung, die in alten Lehren übermittelt wird, nur dort mit anderen Worten.

Wenn wir uns vorstellen, dass Gott, der reine Geist, die Energie, das Quantenfeld oder das Bewusstseinsfeld - egal welche Bezeichnung wir verwenden wollen - endloses Potenzial ist und hat und damit „alles“ in sich vereint, dass er die unendlichen Möglichkeiten aller erdenkbaren Formen, von Materie und Antimaterie, in sich trägt, dann kann er auch alles erschaffen, was immer:

„Sein“ - „Wille“ - „ist“!

Er hat alles, was denkbar ist, in sich vereint, das Denkbare und auch das für uns Undenkbare. In ihm ist alles und somit auch das Gegenteil von allem. Das Gegenteil von allem würde der rationelle Verstand als das „Nichts“ bezeichnen. Wir bezeichnen es als nichts, weil es für uns zu dem Undenkbaren gehört. Wir können uns das Nichts mit unserem Verstand nicht vorstellen. Unser Verstand verfügt scheinbar nicht über das Wissen, es sich vorstellen zu können. Doch sind die unendlichen Möglichkeiten alles Denkbaren und auch Undenkbaren im Geist Gottes vereint. Und damit alle Gegensätze, wie zum Beispiel, „groß, klein“, „hell, dunkel“, „Liebe, Hass“! Alles ist in ihm. Das:

„Yin und Yang“!

Wie aber könnte er alles das, was er in sich vereint und in ihm ist, wahrnehmen? Wie könnte er die Unendlichkeit aller Möglichkeiten, alles Denkbare und Undenkbare, wahrnehmen und fühlen?

Wie könnte er das Unendliche „ERFAHREN“?

Er kann es erfahren, in dem er aus seinem unendlichen Potenzial Formen erschafft, Formen aus „Materie“ und „Antimaterie“!

So kann er die Unendlichkeit aller Möglichkeiten, die er als Potenzial in sich hat, erfahren. Nur wenn er sein endloses Potenzial, dass in ihm ist, in Formen erschafft, kann er Unendliches an Möglichkeiten wahrnehmen und damit erfahren. Er wird dann alles, was in ihm ist, scheinbar außerhalb, als „Projektion“ von sich wahrnehmen und es somit auch scheinbar außerhalb von sich erfahren. Er wird sich, durch die Projektion seines endlosen Potenzials nach Außen, auch als von allem getrennt wahrnehmen.

Der Geist erschafft, wie wir wissen, durch Gedanken. Und durch Projektion seiner Gedanken nach außen scheint es so, dass alles, was er erschafft, außerhalb von ihm ist. Er nimmt sich selbst damit auch nicht mehr so wahr, wie er wahrhaftig ist. Er erkennt sein wahres Selbst nicht mehr. Solange es nicht sein Wille ist, sich wahrhaft zu erinnern, wer er wirklich ist, wird er sich als getrennt von „allem“ wahrnehmen. Er ist damit scheinbar nicht mehr im Zustand der „Erkenntnis“! Er ist jetzt nur noch im Zustand der „Wahrnehmung“! Da Wahrnehmung selektiv ist, verschleiert sie die Erinnerung an die Wahrheit, die Erkenntnis und sein wahres Selbst. Er muss sich jetzt nur wieder erinnern „wollen“, wer er wirklich ist. Er muss sein wahres Selbst wieder bewusst erkennen wollen. Erst dann wird er sich, und auch seine Schöpfungen, wahrheitsgemäß wieder erkennen. Wenn er sein wahres Selbst wieder erkennt, dann wird er auch erkennen, dass er nur Illusionen in Form von Materie wahrgenommen hat. Und somit ist er wieder mit der Wahrheit, In-Sich-Selbst vereint. Er ist damit auch wieder im Zustand der:

„Erkenntnis“!

Der reine Geist „ist“ (in) Erkenntnis und „hat“ alles, in sich!

„Gott ist die Summe alles Lebenden.“
(Mahatma Ghandi)

Noch deutlicher gesagt:

Gott ist Alles!

Sein und Haben ist damit für ihn auch „eins“! Er vereint alles, da er alles in sich hat! Somit ist „ich bin“ und „ich habe“ ein und dasselbe! „Ich bin“ sagt damit auch: „Ich habe“!

„ICH BIN“

(und habe)

„ALLES“

(schon)

„IN MIR!“

!

Auch wenn wir nicht spirituell gläubig sind oder waren, können wir anfangen wahrzunehmen, dass „Gott", der reine Geist, oder wie immer wir ihn benennen wollen, mit seinen Gedanken die Welt, dass Universum und alles darüber hinaus erschaffen hat. Nur so kann er sich, sein endloses Potenzial erfahren. Gott erfährt sich selbst und alles im Universum, damit auch durch „jeden von uns"! Gott ist die Summe von allem, er dehnt sich aus, durch seine Gedanken (seine Kinder) und die bewirken:

„Die Schöpfung!"

Er erschafft nach seinem Willen durch die Macht seiner Gedanken. Er erschafft durch seine Gedanken, heißt auch: „Er erschafft durch sein Wort"!

Viele von uns kennen diesen Satz:

„Am Anfang (der Schöpfung) war das Wort!"

Doch vor dem Wort ist der Gedanke!

Jetzt sind wir an einem Punkt, an dem wir Vernunft und Glauben vereinen sollten. Es liegt bei jedem von uns, sein aus der Vergangenheit Erlerntes neu zu beurteilen, es neu zu überdenken. Wir können leichtfertig mit unserem Erlernten, unserem Verstand, dem Ego-Bewusstsein urteilen, mit unserem alten Wissen, mit dem, was wir uns in der Vergangenheit gelehrt haben. Oder wir sind offen, offenen Geistes und beurteilen unser Erlerntes aus der Vergangenheit neu. Wir sehen uns alles mit vernunftbetonter, neuer Wahrnehmung an und erkennen, dass wir die Welt und uns zuvor nur falsch wahrgenommen haben, dass wir sie und uns, nur falsch „beurteilt" haben.

Hierzu noch ein Zitat von Carlo Rubbia, ehem. Leiter des Kernforschungszentrums CERN:

„Als Forscher bin ich tief beeindruckt durch die Ordnung und Schönheit, die ich im Kosmos finde, (...) und als Beobachter der Natur kann ich den Gedanken nicht zurückweisen, dass hier eine höhere Ordnung der Dinge existieren muss!"

Wir haben auf eine Interpretation der Schöpfung geschaut, die zu weitaus mehr, als nur zum nachdenken auffordern will. Wir sollten jetzt die Worte auf uns wirken lassen. Jeder sollte sich jetzt ehrlich die Fragen stellen: „Habe ich die Worte wirklich verstanden, wollte ich sie wirklich verstehen und wenn ich sie wirklich verstehen wollte, was kann ich jetzt fühlen?" „Fühle ich den Inhalt, den tiefen Sinn dieser Worte?" Jeder, der aufrichtig mit Ja antworten kann, ist schon weit auf unserem Weg vorangekommen und hat seinen inneren Lehrer gefunden. Er wird nicht mehr allein seinen Weg gehen, er hat einen Lehrer, einen mächtigen Wegbegleiter, der nicht versagen kann! Jedem, der hier noch Zweifel hat, sei gesagt, dass auch er seinen Weg zum Ziel finden kann. Er muss es nur „wirklich" wollen, dann ist es immer nur eine Frage der Zeit. Das kann man nicht oft genug betonen.

Die Wissenschaft erklärt die Schöpfung als Urknall. Der Moment, in dem aus dem scheinbaren Nichts alles entstand. Alles heißt letztlich alles, was wir im Universum und darüber hinaus wahrnehmen können. Wie aber kann aus „Nichts" - „Alles" entstehen? Selbst unser rationaler Verstand sollte erkennen, dass diese Idee mehr als nur unwahrscheinlich klingt. Das einzige Vorstellbare ist, dass alles das, was im Universum existiert, schon vor dem Urknall als Potenzial vorhanden gewesen sein muss. Die Wissenschaft sagt, dass sich das Universum immer weiter ausdehnt und das vom Moment des Urknalls an. Alles im Universum ist damit, auf einer tieferen Ebene, miteinander verbunden. Alles ist aus dem scheinbaren Nichts, dem Punkt Null, vor Zeit und Raum entstanden. Vor dem Urknall hat scheinbar nichts existiert, kein Universum, keine Zeit und kein Raum. Existiert kommt von existere (lat.) und bedeutet übersetzt

„hervor" oder „heraustreten". Oder auch, „offenbaren". Es deutet direkt auf die Entstehung der Schöpfung hin. Wenn wir also von unserer menschlichen Existenz sprechen, so deutet auch das auf das Hervor- oder Heraustreten eines jeden von uns hin. Alle Materie tritt aus dem Quanten-Energie-Feld hervor. Also tritt letztlich auch unser Körper aus diesem Energie-Feld hervor.

Von der Wissenschaft wissen wir wie komplex und vielfältig das Leben ist. Wie unvorstellbar groß der Raum, das Universum ist und wie unvorstellbar viel Materie und Antimaterie existiert. Und doch ist das, was die Wissenschaft bis jetzt erkannt zu haben glaubt, im Verhältnis zum Ganzen, so gut wie Nichts! Das sagt die Wissenschaft über sich selbst. Immer wenn sie glaubt, etwas Neues erfahren zu haben, dass sie weiter zum Verstehen führt, muss sie erkennen, dass es nur neue Rätsel hervorbringt. Dazu passt ein Jahrtausend altes Zitat von Sokrates:

„Ich weiß, dass ich nicht weiß"

Was also ist der Urknall und was war davor.? Woher kommt das unendliche Potenzial, das den Urknall hervorrief und das sich endlos im Universum ausdehnt? Die Wissenschaft kann diese Fragen (noch) nicht wirklich beantworten.

Wie glauben wir, entsteht ein Gedanke? Er entsteht im Geist, wie ein Blitz oder ein „Knall“, und er dehnt sich aus!

Wo kommt der Gedanke her, wenn er zum ersten Mal gedacht wird? Er kommt aus dem endlosen Potenzial des Geistes! Nur der Geist kann aus dem „scheinbaren“ Nichts erschaffen!

Er erschafft seine Gedanken aus dem scheinbaren Nichts und dehnt sie aus. Somit dehnt auch er sich aus.

Alle seine Gedanken sind zusammengenommen eine „Idee“!

Die Idee ist die Grundlage (je)der „Schöpfung“!

Gedanken sind damit auch die Kinder des Geistes. Wir können auch sagen: Gott, sein reiner Geist oder auch „Heiliger“ Geist, dehnt sich aus durch seine Gedanken, seine Kinder. Seine Gedanken sind damit auch immer direkt mit ihm verbunden, Teil von seinen Geist!

Einige von uns halten diese Aussage vielleicht noch für unglaubwürdig und für nicht vorstellbar. Diejenigen können auch hier versuchen, mit dem rationalen Verstand zu urteilen, um sich ein Bild zu machen, welche Interpretation der Schöpfung ihnen glaubwürdiger erscheint. Sie können auch versuchen, nicht mit ihm zu urteilen und auf ihre Intuition, ihre innere Stimme hören. So werden sie sich der Wahrheit schneller weiter nähern. Sie hören damit auf ihren inneren Lehrer. Jeder kann sich jetzt die Fragen stellen: Bin ich wirklich dazu bereit, eine neue Wahrnehmung von mir und allem in der Welt zu akzeptieren und will ich wirklich mein wahres Selbst erkennen? Ist die Antwort ja, befindet sich derjenige schon auf dem Weg zur Wahrheit, und damit auch auf dem Weg zur wahren Zufriedenheit.

Wie schon gesagt, beurteilen wir alles in unserem Leben, Menschen, Situationen, egal, um was es geht, mit unserem Verstand und mit dessen Urteil erschaffen wir unsere Realität. Was geschieht aber, wenn wir nicht urteilen und damit auch nicht mehr „verurteilen"? Wir vergeben! Wenn wir wahrhaft vergeben können, egal wem oder was, einem Menschen, einer Situationen, der Gegenwart, Zukunft oder Vergangenheit und auch uns selbst, dann werden wir Frieden und wahrhaftige Zufriedenheit in unser Leben bringen. Dadurch, dass wir nicht verurteilen sonder stattdessen vergeben, erschaffen wir auch unsere Realität, doch wird diese eine „vollkommen" andere sein. Zu vergeben heißt aber nicht, jemandem seine Schuld zu vergeben und immer noch Schuld in ihm zu sehen. Wir sagen zum Beispiel: „Ich vergebe dir deine Schuld, weil ich dich liebe oder großzügig bin." Das ist nicht wahre Vergebung und würde uns auch nicht zu wahrem Frieden und damit zur wahren Zufriedenheit führen. So können wir unmöglich, die von uns erschaffene Realität zum positiven hin verändern. Erst, wenn wir ohne einen Hauch von Schuld, die wir noch in jemanden, in uns oder was es auch sei wahrnehmen, vergeben können, erst dann ändern wir unsere Realität und damit unser Leben.

Wir verändern damit unsere Wahrnehmung der Welt.

Wie aber können wir wahrhaft vergeben, wenn es doch offensichtlich immer etwas gibt, dem wir nicht wahrhaft vergeben können? Wenn wir akzeptieren können, dass wir alle geistige Wesen sind - man kann sagen, das wir alle Gottes Kinder sind - dann sollten wir auch verstehen können, dass wir alle „eins" mit ihm sind! Wir sind gleich in unserer Essenz des Seins, eins mit Gottes Geist und somit auch ohne Schuld. Unser verwirrter Teil unseres Geistes, das „Ego", das wir selbst erschaffen haben, das wir uns, wie schon gesagt, gelehrt haben, glaubt an Schuld und „erschafft" damit Schuld!

Wenn wir bereit sind, in unserem Nächsten und auch in uns keine Schuld mehr zu sehen, wenn wir anerkennen, dass es nicht Schuld, sondern „Fehler“ sind, die nicht wir, unser wahres Selbst, sondern unser Ego gemacht hat, dann können und werden wir auch wahrhaft vergeben! So werden wir Frieden in die Welt bringen und damit unsere Realität zum Positiven hin verändern.

Wenn wir die Welt anschauen, dann können wir deutlich erkennen, dass sie fast ausnahmslos durch das Ego beherrscht und regiert ist. Wie kann es sein, dass immer noch Hunger auf der Welt herrscht und gleichzeitig Nahrung in Unmengen vernichtet wird? Wie kann es sein, dass nur einige wenige über die Macht der Ressourcen der Erde verfügen? Die Ressourcen der Erde sollten uns allen gleichermaßen zustehen. Jeder von uns hat das gleiche Recht, hier zu sein, hier auf der Erde. Und somit sollte jeder über alles, was die Erde hergibt, gleichermaßen verfügen dürfen. Nur das Ego erhebt immer für sich, in erster Instanz, Anspruch auf alles, was es will. Es will alles, was es als begehrenswert wahrnimmt immer erst für sich. Solange unsere Welt von Menschen, mit einem großen Ego beherrscht wird, das nur an seine Vorteile denkt und bereit ist die Missstände in der Welt zu akzeptieren, solange herrscht das Ego in „Form“ von bestimmten „Menschen“, die alle Macht für sich beanspruchen! Jeder von uns kann sich jetzt fragen, ob er diese Wahrnehmung teilen kann. Ist die ehrliche Antwort ja, so kann er auch anderen bewusst machen, dass wir nur mit einer bewussten Wahrnehmung von uns und der Welt, in der Lage sind, die Missstände in ihr zu korrigieren. Mit Hilfe der neuen Wahrnehmung wird unser wahres Selbst wieder durch uns hindurch scheinen und die Welt und unser Leben zum Positiven hin verändern. So werden wir lernen, mit einem neuen Bewusstsein, uns und allem in der Welt zu vergeben und nichts, was wir noch als falsch wahrnehmen, weithin zu verurteilen, sondern es als „Fehler" zu erkennen, die wir korrigieren können. Wir werden alles das, aber nur erreichen können, wenn wir anfangen „wollen"an unser wahres Selbst zu glauben. Nur wenn wir uns als geistige Wesen wahrnehmen, wenn wir nach innen schauen und hören wollen, werden wir unsere Welt, für jeden von uns, zum Positiven hin führen können!

„Wenn wir nach innen hören, hören wir auf unseren inneren Lehrer und damit auch auf unser Herz"!

Man kann sagen: Wir hören auf unsere „Intuition"! Viele verwechseln Intuition mit Instinkt. Doch hat das eine mit dem anderen absolut nichts zu tun. Der Instinkt ist scheinbar etwas Angeborenes, das uns zum Beispiel sagt:

Wir haben Hunger, uns ist kalt oder warm. Wir reagieren dann nur scheinbar intuitiv!

Wenn die Intuition zu uns spricht, so scheint es für die meisten kaum hörbar, da wir überwiegend auf unser Ego hören und das ist sehr laut und übertönt alles mit ständigem Denken. Wenn wir still werden, wenn wir unsere Gedanken des Verstandes zur Ruhe kommen lassen, dann können wir auf unsere Intuition, unser Herz hören. Wir hören somit auch auf unseren inneren Lehrer. Er ist unsere Intuition, eins mit unserem wahren Selbst, eins mit unserem Herzen und damit eins mit der Wahrheit. Wenn wir auf deren Stimme hören, können wir auch sagen: Wir hören auf die „Stimme für Gott" und werden damit, für uns, immer das Richtige tun. Doch müssen wir sehr wachsam, sehr bewusst sein. Unser Verstand (Ego) täuscht uns oft und lässt es für uns so aussehen, als würde unsere Intuition zu uns sprechen. Wir glauben dann nur, intuitiv zu handeln, doch ist das eine Fehlwahrnehmung des Verstandes.

Wir (be-) urteilen dann falsch!

Wie können wir also wissen, wann wir etwas intuitiv, mit unserem wahren Selbst und wann wir etwas mit unserem Verstand, dem Ego, tun? Wir können es erkennen, wenn wir uns darüber im

Klaren werden, dass immer, wenn wir nicht erst mit unserem Verstand nachdenken, um etwas zu tun, oder es zu beurteilen, unsere Intuition zu uns spricht. Wir können es auch fühlen. Es gibt einige Menschen, die sich hauptsächlich auf ihr Gefühl verlassen. Auch hier sprechen wir von intuitivem Handeln. Doch die Meisten von uns handeln überwiegend nur unbewusst intuitiv. Sie tun dann unbewusst das Richtige. So handeln sie nicht mit dem Verstand, dem Erlernten aus der Vergangenheit. Sie handeln mit, (aus) dem Unterbewusst-Sein. Wenn wir uns bewusst werden, das unser Unterbewusstsein viele Millionen Zellen unseres Körpers koordiniert und das in jeder Sekunde, das es auch alle weiteren Funktionen, die unser Körper nur scheinbar von alleine lenkt, übernimmt (wie zum Beispiel: Die Funktion aller Organe, das Atmen oder den Herzschlag), dann muss uns klar werden, das wir über gewaltige Fähigkeiten verfügen. Diese sind uns nur nicht bewusst. Unsere bewusste Wahrnehmung von uns selbst scheint also begrenzt. Das heißt: Der Teil von uns, den wir nicht bewusst wahrnehmen, ist unser „Unterbewusst-es-Sein“! Wir nehmen unser wahres Selbst dadurch nur begrenzt wahr! Die Begrenzung werden wir aber aufheben, wenn wir bereit sind zu lernen, uns einer neuen Wahrnehmung von uns selbst und allem anderen zu öffnen.

Wenn wir intuitiv handeln, dann tun wir das immer mit dem uns unbewussten Selbst, wir urteilen und handeln damit, mit unserem wahren Selbst (Willen)! Wenn wir intuitiv handeln, ist der Verstand nicht beteiligt, es gibt dann kein Urteil des Egos. Unsere Entscheidung kommt scheinbar wie aus heiterem Himmel. Und genau so ist es! Wir urteilen nicht. Man kann sagen:

Unsere Entscheidung kommt aus heiterem „Himmel"! Wir sind damit verbunden, mit der Stimme für Gott!

Die Wissenschaft sagt, dass wir immer dann intuitiv handeln, wenn unser Gehirn nicht in der Lage ist, uns die nötigen Informationen zu geben, die wir zum Beispiel brauchen, um in einer gefährlichen Situation schnell genug zu handeln. Wir haben nicht die Zeit, uns Gedanken zu machen, um ein Urteil darüber fällen zu können, was wir zu tun haben. Es gibt viele Beispiele von Menschen, die in einer gefährlichen Situation intuitiv das Richtige getan haben. Ein jeder von uns hat wahrscheinlich schon einmal bemerkt, dass er in einer gefährlichen Situation intuitiv das Richtige getan hat. Er hat somit, ohne nachzudenken, richtig gehandelt. In vielen Fällen beschreiben es Menschen so: „Es war, als würde sich alles in Zeitlupe bewegen und die Dinge, die sich ereigneten, wurden ohne Gedanken wahrgenommen". Es gab also keine Gedanken und damit auch kein „Urteil" (Ego)!

Auch ich hatte einmal eine solche Situation, einen Autounfall, und habe diesen genau so erlebt. Ich überholte auf der Autobahn ein Auto und war schon fast vorbei, als dieses plötzlich nach links ausscherte und mich am Heck streifte. Ich fuhr relativ schnell, kam dadurch sofort ins Schleudern und drehte mich mehrere Male um meine Achse. Da es an dieser Stelle nur einen begrünten Rasen als Mittelbegrenzung und keine Leitplanken gab, rutschte ich auf die entgegenkommenden Autos direkt zu. Dies alles geschah innerhalb von ein paar Sekunden. Da ich kein trainierter Fahrer bin, wusste ich nicht, was ich zu tun habe, um mein Auto wieder unter Kontrolle zu bringen. Und doch habe ich genau zur rechten Zeit, das Richtige getan. Wie aus heiteren Himmel habe ich die Bremsen losgelassen und konnte auch so, das Lenkrad in die richtige Richtung drehen. Wenn ich mir in diesem kurzen Augenblick Gedanken darüber gemacht hätte, was ich zu tun habe, hätte ich schon aus „Angst" in die entgegenkommenden Autos zu fahren, nicht aufgehört zu bremsen und wäre damit unweigerlich weiter in die herannahenden Autos gerutscht. So aber konnte ich das Auto wieder unter Kontrolle bringen und blieb unverletzt. Es wäre mit Sicherheit sehr schlecht für mich ausgegangen, hätte ich es nicht geschafft. Der Moment des Unfalls dauerte nur ein paar Sekunden, doch kam er mir ewig vor und alles schien wie in Zeitlupe zu geschehen. Auch ich hatte, wie viele andere, die in einer ähnlichen Situation waren, in diesem Moment keine Gedanken und damit auch keine Zeit für ein Urteil. Für meinen Verstand ging damit alles viel zu schnell.

Wie gesagt, mein Urteil, was ich zu tun hatte kam nicht von meinem Verstand, dem Ego, es kam von meinem Unterbewusst-Sein!

Unsere Intuition ist eins mit unserem wahren Selbst und damit eins mit Gott. Wir sind alle eins mit Gott, da wir alle geistige Wesen sind. Wenn wir lernen, auf unsere Intuition, auf unser Herz, den inneren Lehrer zu hören und nicht mit dem Ego zu urteilen, dann werden sich auch unweigerlich unsere Erfahrungen ändern. Wir werden das Leid nicht länger teilen und anstelle dessen Freude erfahren. Wir werden diese damit auch gleichermaßen geben können.

Die neue Wahrnehmung, die wir auf diesem Weg erfahren, wird uns durch ihre Wirkung zeigen, dass wir alle in der Lage sind unser Leben und damit unsere Realität bewusst zu verändern. Wir müssen uns ihr nur wirklich öffnen wollen!

Die Wissenschaft hat, so wie sie es mit ihren Worten erklärt, für sich erkannt, dass das Bewusstsein, die Energie des Quantenfelds, alles im Universum hervorbringt und es damit erschafft. Alles schließt auch unseren Körper mit ein. Auch unsere Körper bestehen aus den gleichen Bauteilen, den kleinsten Teilchen der Materie wie auch alles andere im Universum. Die Wissenschaft und auch die spirituellen Lehren sagen uns, wenn auch mit unterschiedlichen Worten, dass alles im Universum, durch eine für uns nicht sichtbare, unendlich grosse Macht erschaffen worden ist.

Wenn wir erkennen, dass wir nicht nur Körper sind, dann nehmen wir auch wahr, dass die Welt und alles in ihr nicht so ist, wie wir es vorher glaubten wahrzunehmen. Es liegt an jedem von uns, das bis hierher Gesagte mit einem offenen Geist aufzunehmen und mit einer neuen Wahrnehmung von uns und der Welt weiter zu lernen. Wie gesagt: Wir müssen hierzu nur bereit sein, dass Erlernte der Vergangenheit wirklich neu überdenken zu wollen. So werden wir uns, unserem wahren Selbst immer weiter nähern, bis wir uns wieder (als) vollkommen erkannt haben. Und so tritt unser Ego und dessen Urteil immer mehr in den Hintergrund. Unsere neue Wahrnehmung wird dabei helfen, uns wieder an unser wahres Selbst zu erinnern. Es ist daher für jeden sehr hilfreich, sich das Folgende immer wieder ins Gedächtnis zu rufen:

„Umso bewusster wir sind und es auch bleiben, umso bewusster wir uns und unsere Gedanken beobachten, umso mehr, wird durch die Macht unserer Gedanken das Positive in unser Leben fließen und uns damit zu neuen und vor allem zu positiven Erfahrungen führen"!

Ich habe in meinem Leben alles was ich wahrhaftig wollte, auch erreicht. Diese Tatsache war mir lange Zeit nicht bewusst. Auch ich habe nicht wirklich wahrgenommen, wie entscheidend bewusste und auch „unbewusste" Gedanken und damit unser Wille und unser Glaube, für jeden von uns sind. So war auch vieles von dem, was ich erreicht hatte, nicht das, was mir Zufriedenheit gab. Vieles stellte sich im Nachhinein als nicht wünschenswert heraus. Auch ich habe, durch mein unbewusstes Denken, teilweise das in mein Leben geholt, wovor ich Angst hatte. Ich habe es durch meine Angst und meinen unbewussten Glauben daran, erst in mein Leben gezogen. Aus diesem Grund kann ich auch sagen, dass ich immer das erhielt, was ich wollte, da ich einen starken Glauben investiert habe! Auch wenn dieser Glaube zum großen Teil unbewusst war.

Ich hatte von Kindheit an einen Traum, den Traum Musik zu meinem Beruf zu machen und damit auch erfolgreich zu sein. Viele rieten mir davon ab, da sie nicht daran glaubten, dass ich ein solches Ziel erreichen kann. Es dauerte auch einige Jahre bis ich mein Ziel erreicht hatte. In meiner Branche, der Musikindustrie, ist es im allgemeinen sehr schwer als Künstler erfolgreich zu sein und erst recht, über einen langen Zeitraum auch zu bleiben. Es viel mir auch ab und zu schwer, die Ablehnung, die ich in dieser Branche zuerst erfuhr, hinzunehmen. Was ich auf dem Weg zum Erfolg aber nie aufgegeben hatte, waren mein Glaube und mein Wille es zu erreichen. Auch wenn es mir manchmal sehr schwer und mühsam schien mein Ziel zu erreichen. Letztlich habe ich aber den ersehnten Erfolg erreicht. Mir war aber nie bewusst, dass der Grund für das Erreichen meines Ziels immer mein Glaube und mein fester Wille war, es zu erreichen. Ich hatte auch keine Ahnung, wie unausweichlich sich bewusstes und auch unbewusstes Denken im Leben eines jeden von uns manifestiert. Ich musste es erst zu erkennen lernen. Und so führte auch mein unbewusstes Denken dazu, dass mich Dinge und Umstände erreichten, die ich dachte nicht wirklich zu wollen. Wie schon gesagt, ist es nur scheinbar paradox, dass nicht an etwas zu glauben auch Glaube ist und damit zu dem führt, was wir dachten nicht zu wollen.

Wenn wir unser Leben betrachten und uns ehrlich fragen, wann wir wirklich an etwas ohne jeden Zweifel geglaubt haben, werden wir feststellen, dass es sich immer erfüllt hat, da wir einen starken Glauben und Willen investiert haben. Wenn wir starken Zweifel haben, so haben wir einen Starken Glauben in das investiert, was wir eigentlich dachten nicht zu wollen und genau darum kann es sich auch in unserem Leben manifestieren.

Alles, was wir nicht erreichen, ist oder war ohne wirklichen Glauben an das, was wir erreichen wollten. Unser Zweifel hat damit die Manifestation dessen, was wir erreichen wollten verhindert und zieht damit auch das an, was wir nicht wollen.

Unser Unterbewusstsein ist, wie wir schon gesehen haben, sehr mächtig. Alles, was wir dort abspeichern, sowohl bewusst als auch unbewusst, manifestiert sich in unserem Leben. Wir müssen nur lange und stark genug daran glauben. Und das geschieht sowohl bewusst und auch unbewusst. Es liegt bei jedem von uns, ob wir unseren Glauben in positive oder negative Gedanken investieren wollen. Das, woran wir mit einem starken Willen wirklich glauben wollen, wird sich für uns manifestieren!

Hier ein Hinweis aus der Bibel (Matthäus 7,7):

„Bittet, so wird euch gegeben. Suchet, so werdet ihr finden."

Also:

„So, wie ihr bittet, so wird Euch auch gegeben; wonach ihr suchet, das werdet Ihr auch finden."

Und nur so konnte sich in meinem Leben auch alles das ereignen, was ich „nicht" wirklich wollte. Die Manifestation dessen, an was wir glauben, ist immer nur eine Frage der Stärke unseres Willens. Egal, ob wir bewusst oder auch unbewusst glauben. Zweifel ist damit auch immer Glaube, egal ob unser Zweifel das scheinbar Positive oder Negative beinhaltet!

Je stärker unser Zweifel in unseren Gedanken ist, desto mehr Macht unseres Willens und Glaubens haben wir in ihn investiert.

Wenn wir bewusst nachdenken, was in unser Leben kam, von dem wir dachten, dass wir es nicht wollten, werden wir sehen, dass ein jeder genau wie ich, die Macht seines Glaubens in das investiert hat, was er nicht wollte. Er hatte damit einen starken Zweifel. Wir nehmen der Macht unserer Gedanken den selben Anteil an Stärke, die wie in den Zweifel investieren. Und das sowohl bewusst als auch unbewusst. Es ist das allumfassende Gesetz von Ursache und Wirkung.

Das Prinzip von Ying und Yang.

Zweifel ist auch immer eine Form der „Angst"! Wir haben Angst um oder vor irgendetwas, das wir scheinbar nicht wollen. Wir bezeugen es damit. Und so machen wir es zu unserer Realität!

„Was Du suchst, das wirst Du finden"

Mit anderen Worten:

„Woran Du glaubst, das wird Dir zuteil!"

Angst ist ein Schlüssel, der uns die Tür öffnet für alles das, was wir in unserem Leben erhalten und doch nicht wirklich wollen. Liebe ist exakt das Gegenteil! Sie ist der Schlüssel zur Tür für alles das, was uns wahre Zufriedenheit gibt. Beide öffnen damit eine Tür zu dem, was wir bewusst und auch unbewusst wollen. Doch beide unterscheiden sich in ihrem Ergebnis „total“!

Liebe gehört zu unserem Herzen, unserem wahren Selbst. Angst gehört zu unserem rationalen Verstand, dem Ego. Das Ego führt uns, wie schon gesagt, letztlich immer zum Tod und das muss auch „immer“ Angst erzeugen!

Angstvolle Gedanken erschaffen das, was wir nicht wollen. Wenn wir liebevolle Gedanken haben, erschaffen wir das, was wir von Herzen wollen. Wenn wir also das in unser Leben holen wollen, was uns Zufriedenheit gibt, dann dürfen wir keine angstvollen Gedanken erschaffen. Der einzige Weg, das zu bekommen, was wir von Herzen wollen - und das ist immer Zufriedenheit - ist der, ohne Angst zu sein, das heißt, ohne angstvolle Gedanken zu sein. Wir müssen ohne Angst und Zweifel sein, auch wenn es uns noch so schwer zu fallen scheint. Ohne Angst zu sein, heißt nicht ohne Respekt (vor irgendetwas) zu sein. Wir dürfen also Angst nicht mit Respekt verwechseln. Vor irgendetwas Respekt zu haben ist vernünftig und gibt uns die Möglichkeit, mit bewusster Überlegung zu denken und zu handeln.

Angst dagegen, lässt uns immer unbesonnen und voreingenommen handeln. Wir müssen also nur bereit sein, in unser wahres Selbst Vertrauen zu investieren. Wir müssen lernen, mit und in „Liebe" denken zu wollen und auch zu handeln.

Man kann sagen:

Der Glaube an und in die wahre Liebe und damit das Vertrauen in unser wahres Selbst, führt uns immer auch zu „Gott"!

In unserer Welt ist der Glaube an Gott und an die wahre Liebe eher gering und wird von unserem Verstand, dem Ego mehr oder weniger verleugnet, ja sogar oft belächelt! Wir haben im Allgemeinen kein Vertrauen in den Glauben an Gott, in die wahre Liebe und damit in Wahrheit auch keinen Glauben an und in unser wahres Selbst. Wir verleugnen damit die größte Macht im Universum! Für diejenigen, die ihr Leben gänzlich ohne jene Art von Gedanken verbringen, die bis hierher aufgezeigt wurden, kann es mitunter sehr schwer sein, das hier Gesagte als Wahrheit zu akzeptieren. Doch wird jeder, der wirklich dazu bereit ist sein wahres Selbst erkennen zu wollen, früher oder später anfangen zu verstehen, dass die Welt nicht ist, wie sie uns, aus dem alten Denken unserer Vergangenheit, erscheint. Es ist damit immer nur eine Frage der Zeit.

Jeder wird seinen Weg gehen, egal wie beschwerlich oder leicht er auch für ihn zu sein scheint. Jeder kann für sich entscheiden, da wir ja alle einen freien Willen haben. Diejenigen, die sich für den leichteren Weg entscheiden, sind diejenigen, die ihr wahres Selbst erkennen wollen. Sie werden auf die Stimme für Gott, den inneren Lehrer hören und sich erinnern, wer sie wirklich sind. Sie werden damit auch lernen, allem vergeben zu können. Sie werden erkennen, dass wir alle eins sind und damit keiner wahrhaft schuldig ist. Ohne Schuld gibt es keine Sünde, kein Urteil und auch keine Angst. Ohne Angst gibt es nur noch Liebe und damit: „Wahre Zufriedenheit"!

Es wurde schon gesagt, dass Schuldlosigkeit immer zur Liebe führt. Und genauso verhält es sich auch umgekehrt. Wenn wir vergeben können, wahrhaft vergeben ohne jeglichen Rest an Schuld, dann sind wir in Harmonie mit uns und der Welt. Wenn wir erkennen, dass wir alle geistige Wesen sind, erkennen wir, dass alles, was unser Körper, das Ego jemals an Schuld auf sich geladen hat, nur Illusion ist. Unser wahres Selbst ist damit ohne jede Schuld. Wie könnten wir also schuldig sein, wenn alle Schuld nur Illusion (Ego) ist!

Man kann sagen: Gott kennt keine Schuld, seine Kinder (Gedanken) sind durch ihn, nach seinem

Ebenbild (Geist), mit einem freien Willen erschaffen worden. In ihm ist nur Liebe und damit auch im wahren Selbst eines jeden von uns. Wenn wir bewusst und unvoreingenommen wahrnehmen können, was bis hierher beschrieben wurde, sehen wir, dass alles einen Sinn ergibt. Es passt alles zusammen und ergibt damit „eins" und das ist:

„Die Wahrheit!"

Wir können auch erkennen, dass uns die neue Wissenschaft diese Wahrheit ebenso bestätigt. Wir erschaffen unsere Realität mit unseren Gedanken, mit unserem freien Willen und unserem Glauben, der Macht unseres Geistes. Man kann sagen: Wir wurden von Gott nach seinem Ebenbild erschaffen und genauso erschaffen wir auch selbst. Die Wissenschaft nennt ihn, unsichtbaren, schöpferischen, zeitlosen Geist. Zum Beispiel mit den Worten von Max Planck. Das hat eine eindeutige Konsequenz, die unvermeidliche Wahrheit: „Alles, was wir in unserem Leben erbitten, durch die Macht unserer Gedanken und das sowohl bewusst als auch unbewusst, wird uns zuteil"! Wir ziehen es in unsere Realität.

Da wir alle einen freien Willen haben, erhalten wir immer das, woran wir glauben wollen.

Der bekannte Satz aus der Bibel sagt uns genau das Gleiche, nur mit anderen Worten:

„Bittet, so wird euch gegeben. Suchet, so werdet ihr finden."

Gott ergreift keine Partei. Er ist damit auch ohne Urteil. Wir sind für Ihn alle gleich. Wir sind für ihn alle „eins"! Er erschuf uns „in sich", nach seinem Ebenbild, nach seinem Willen als geistiges Wesen mit einem freien Willen. Darum erhalten wir immer das, um was wir mit unserem freien Willen bitten, „bewusst" und auch „unbewusst"!

Es ist jetzt an uns zu erkennen, dass wir die Macht der Entscheidung haben, was wir in unser Leben erfahren (wollen)!

Wir können wählen zwischen „Liebe" oder „Angst".

Mit welchem Bewusstsein wir denken, glauben und damit handeln wollen, liegt bei jedem von uns. Wollen wir mit unserem erlernten Selbst-Bewusstsein, dem Ego oder mit unserem „wahren" Selbst-Bewusstsein urteilen und damit unsere Erfahrung und Realität erschaffen. Wenn wir wissen, dass unsere positiven und liebevollen Gedanken, die wir mit der Macht des Glauben und Willens ausstatten, uns immer zur Freude und Zufriedenheit führen, warum sollten wir dann noch negative, angstvolle Gedanken denken? Wenn wir erkennen, dass uns unser wahres Selbst immer von der Angst weg zur Liebe führt, werden wir das Ego nicht mehr wollen. Wir werden unsere Gedanken dann bewusst beobachten und bemüht sein, sie mit Liebe zu erfüllen. Wir können aber nur mit „wahrer" Liebe wirklich Positives erschaffen. Immer dann, wenn wir Liebe mit „Haben-wollen" gleichsetzen, sie also mit Bedingungen geben oder fordern, ist das Ego im Spiel und nicht unser wahres Selbst. Das Ego gibt alles, auch die „scheinbare" Liebe nur unter bestimmten Bedingungen, die es stellt! Es führt uns ja auch immer zur Angst, denn das Ego führt wie wir wissen, immer zum Tod. Liebe führt uns immer zu wahrer Zufriedenheit. Sie stellt damit auch keine Forderung oder Bedingung. Sie will nur geben, ohne etwas haben zu wollen. Sie dehnt sich aus wie der Geist. Die Wahrheit ist:

Der reine Geist besteht aus wahrer und damit reiner Liebe!

Das, was wir im Allgemeinen als Liebe bezeichnen, ist nicht wahre Liebe, da sie immer nur unter einer bestimmten Bedingung gegeben wird. Wir fordern immer dafür „ohne" Ausnahme. Es ist egal, um was es dabei geht. Von allem, was wir glauben zu lieben, fordern wir. Wenn sie, er oder es sich nicht so verhält, wie wir es gerne hätten, merken wir deutlich unsere Unzufriedenheit, bis hin zum Hass.

„Ja, wir können sogar aus Liebe Hass machen"!

Das kann nicht wahre Liebe sein! Es kann nicht sein, dass wahre Liebe sich verändert, sie wäre dann nicht wahrhaftig, sondern nur eine „Illusion"! Wenn wir also die wahre Liebe erkennen wollen, müssen wir uns nur fragen, ob wir Bedingungen stellen und irgendetwas, egal was es auch sei, für Liebe fordern. Im Allgemeinen fällt es uns schwer, ohne jede Bedingung zu geben, wir wollen zumindest in irgendeiner Form „Anerkennung" oder auch nur ein wenig „Zuneigung". Jeder kann sich jetzt selber die Frage stellen, ob er in seinem Leben wirklich schon einmal bedingungslos gegeben hat, aus vollem Herzen. Wenn wir uns zum Beispiel vorstellen, in die Augen eines unschuldigen Kindes zu schauen, dass Hilfe braucht, würden wir sie ihm nicht bedingungslos geben? Jeder der hier mit Ja antworten kann, kennt somit das Gefühl „wahrer" Liebe. Doch können wir dieses Gefühl auch immer und ausnahmslos in uns aufrecht erhalten? Wenn wir ehrlich zu uns sind, so wissen wir, das es uns sehr schwer fällt und so gut wie unmöglich scheint. Es gibt und gab jedoch immer Menschen, die gezeigt haben, dass es möglich ist. Es ist vollkommen egal, ob es dabei um scheinbar gewöhnliche Menschen geht, die uneigennützig handeln, oder um einen Erleuchteten wie Christus oder Buddha! Alle Menschen, die uneigennützig Gutes tun, haben auch ein erfülltes Leben. Sie tun das, was sie tun von „Herzen" und damit in Liebe und somit in wahrer Zufriedenheit.

Ein weiser Satz aus dem Fernen Osten sagt:

„Es ist nicht wichtig, "was" Du tust,
es ist wichtig, "wie" Du es tust!"

Wenn wir das, was wir tun, mit Liebe und damit im Einklang mit dem, was wir wirklich von Herzen wollen tun, ist es für uns nicht mehr „Mittel" zum Zweck. Die meisten von uns tun den größten Teil ihres Lebens nur Dinge, die für sie Mittel zum Zweck sind. Auch die Arbeit, die den größten Teil der Lebenszeit einnimmt, ist für die meisten von uns nur Mittel zum Zweck und oft sogar eine Plage.

Ein Mensch, der den größten Teil seines Lebens so verbringt, kann „unmöglich" zufrieden sein!

Dazu ein Auszug aus einem Mantra des Dalai Lama:

„Beurteile Deinen Erfolg danach, was Du dafür aufgegeben hast, um ihn zu erringen.

Doch sind sich die meisten nicht wirklich darüber bewusst, dass sehr vieles nur Mittel zum Zweck für sie ist. Sie glauben auch, das alles muss so sein. Einige glauben vielleicht daran, das es reicht eine gut bezahlte Arbeit zu haben oder ihr eigener Chef zu sein. Und doch werden die meisten von ihnen, wenn sie ehrlich in sich hinein hören, wahrnehmen, dass der größte Teil ihres Lebens unerfüllt ist. Da sie das, was sie tun, nicht wirklich von Herzen und damit auch nicht in Liebe tun. Es dient ihnen nur als Mittel zum Zweck. Was haben wir denn wirklich von dem, was wir tun, wenn die Zeit, die wir dafür aufbringen müssen uns nicht Zufriedenheit schenkt? Es ist „unsere" Zeit, die wir auf Erden haben, die wir nicht „verschwenden" sollten. Was haben wir davon, wenn wir Dinge tun, die uns von unserer Zufriedenheit abhalten, die uns unserer „Lebenszeit", man kann sagen unserer Energie, berauben? Ist es das Geld oder das Ansehen, die vermeintliche Sicherheit, die doch nie lange andauert, es wirklich wert, unsere Energie, unsere Lebenszeit dafür zu opfern? Alles das ist, wie schon anfangs gesagt, nur Illusion. Es wird uns letztlich keine wahre Zufriedenheit bringen. Im Gegenteil! Wenn wir den größten Teil unseres Lebens mit Dingen verbringen, die für uns nur Mittel zum Zweck sind, können wir unmöglich glücklich sein. Warum also tun wir all diese Dinge, die wir nicht wirklich von Herzen tun und die uns keine wahre Zufriedenheit bringen, was treibt uns dazu?

Die Antwort ist immer und ausnahmslos:

„Die Angst"!

Es ist die Angst unseren Lebensunterhalt zu verlieren, zu versagen, die Angst vor Verlust oder sich selbst und andere zu enttäuschen.

Wann immer wir Dinge tun, die wir nicht wirklich von Herzen tun wollen, ist es immer die Angst, die uns dazu führt!

Wir sind jetzt schon weit auf einem gemeinsamen Weg gegangen. Wir haben vieles neu, aus einer in unserer Welt nicht alltäglichen Perspektive, betrachten können. Wir wollten Zufriedenheit finden und haben jetzt, wo wir so weit gegangen sind, alles was wir dazu brauchen auch schon gefunden.

Wir müssen uns dessen nur „bewusst" werden! Die Frage, die sich jetzt jeder selbst stellen muss, ist:

„Bin ich bereit, das Gefundene anzunehmen"?

Bin ich bereit, mich auf eine neue Wahrnehmung einzulassen? Wir alle können jederzeit, immer im „Jetzt", eine neue Entscheidung treffen. Wir können alles neu überdenken und es damit neu „beurteilen".

Man kann sagen:

Gott gab uns den „freien" Willen zu entscheiden, wie immer wir wollen! Nur so können wir erfahren, was immer wir wollen!

Eine Beziehung, unser Beruf, was es auch sei, wir können alles überdenken und uns ehrlich fragen:

„Ist es das, was ich wirklich von Herzen will"?

Beruf kommt von Berufung. Er sollte also unsere Berufung sein! Aber ist er es wirklich für uns? Diejenigen, die hier ehrlich mit Ja antworten können, sind der Zufriedenheit schon ein paar

Schritte näher. Auch all unsere Beziehungen, egal in welcher Form, bedürfen der gleichen Frage und einer ehrlichen Antwort.

„Ist es das, was ich wirklich will?"

Unsere Beziehungen sind unmittelbar Teil unserer Lebenssituation und diese spiegelt unsere Zufriedenheit und damit unsere Realität in all ihren Aspekten, die in ihr enthalten sind. Wenn wir nicht ehrlich uns gegenüber sind, können wir es auch nicht anderen gegenüber sein! Wie wollen wir erkennen, was uns Zufriedenheit schenkt, wenn wir nicht ehrlich zu und selbst sind? Wenn wir nicht ehrlich zu uns sind, haben wir auch immer „Angst" vor der Wahrheit. Wir haben Angst vor „Veränderung", egal in welcher Form. Wir glauben, das wenn wir etwas aufgeben, wir es unter Umständen nicht durch etwas Besseres ersetzen können. Darum halten wir an Dingen jeglicher Art fest, die wir nicht wirklich, vollkommen wertschätzten.

„Genauso halten wir auch an unserem erlernten selbst, dem Ego fest"!

Wir wissen scheinbar nicht, was uns erwartet!

Was wir nicht wirklich wertschätzen, wird uns aber nicht wirklich zufriedenstellen. Es kommt nicht „von Herzen"! Das alles bezieht sich darauf, unser wahres Selbst erkennen zu „wollen". Denn erst, wenn wir es wirklich erkennen „wollen", werden wir es auch erkennen können!

Und erst dann wissen wir auch, was wir wirklich wollen, egal in welcher Form es sich für uns auch offenbaren wird!

Wir sind alle Schöpfer, Schöpfer unserer eigenen Realität. Jeder einzelne hat dieses Potenzial in sich. Es ist die neue Wahrnehmung der Macht, die jeder von uns besitzt, und der „Schlüssel" für ein Leben in wahrer Zufriedenheit ist. Wir müssen nur bereit sein, diese neue Wahrnehmung anzunehmen und in unser Leben fließen zu lassen. Wir müssen an uns, an unser wahres Selbst Glauben wollen. Jeder kann für sich entscheiden, ob er den Schlüssel an sich nehmen und die Tür zur Zufriedenheit öffnen will. Jeder bestimmt den Zeitpunkt. Solange wir noch Verlangen danach haben, das Spiel mit unserem Lieblingsspielzeug, der Illusion, („Materie") in jeglicher Form, weiter zu spielen, solange sind wir nicht bereit für den letzten bewussten Schritt auf unserem Weg in dieser Welt!

Doch können wir, solange wir noch mit Illusionen spielen wollen, es durch die neue Wahrnehmung, der Macht unserer Gedanken, jetzt bewusst tun.

Somit können wir liebevolle Illusionen erschaffen, die zu einer „Spiegelung" der Wahrheit werden!

Sie wird uns ohne Angst, in eine neue friedvolle Welt begleiten und damit auch wahre Zufriedenheit schenken!

So werden wir eine „neue Welt" erschaffen!

Doch spätestens am Ende des Weges, wenn wir uns entscheiden, das heißt: Wenn wir unser letztes „Urteil" fällen, keine Wiederholungen in jeglicher Form mehr zu wollen, wird jeder seinen Schlüssel nehmen, sein Spielzeug aus der Hand legen und die Tür in die Unendlichkeit öffnen! Für mich heißt „Unser letztes Urteil fällen" auch:

„Das Jüngste Gericht"

So können wir auch verstehen, was mit diesem Satz, der aus der Bibel stammt, wahrlich gemeint ist!

Zusammenfassung

Jetzt muss konkretem (neuen) Denken auch konkretes (neues) Handeln folgen!

Nur so können sich neue konkrete Erfahrungen einstellen. Jeder Wirkung, die sich im Universum und somit auch in unserem Leben zeigt, geht immer eine Ursache voraus. Es gibt keine Wirkung ohne Ursache. Eine Wirkung kann auch zu einer neuen Ursache werden und diese zu einer neuen Wirkung. Doch muss am Anfang immer erst eine Ursache stehen. Dem Urknall geht also auch eine Ursache voraus! Somit ist der Urknall die Wirkung der Ursache. Alle Wirkungen, die dem Urknall folgen, sind dessen Wirkungen, die auch wieder zu Ursachen werden und Wirkungen hervorbringen. Ein scheinbar endloser Prozess.

Auch im Leben eines jeden findet exakt der gleiche Prozess statt. Wir sind die Ursache und erschaffen durch unser Denken und dem daraus folgenden Handeln Wirkungen, die wiederum zu Ursachen werden. So erschaffen wir auch unsere Realität. Daher müssen wir lernen, unsere Gedanken bewusst zu beobachten und zu kontrollieren. Und sie somit bewusst mit unserem Verstand zu steuern.

Nur so können wir auch bewusst neue und vor allem, positive Erfahrungen machen.

Es gibt Menschen mit großer Macht auf dieser Welt, die sich dieser und somit der Macht ihrer Gedanken bewusst sind, sie aber nicht zum Vorteil aller nutzen. Diese Menschen haben die Macht des Geistes erkannt, die Macht des Willens und des Glaubens. Doch nutzen sie diese Macht mit ihrem Ego-Bewusstsein und somit nur für sich selbst, ohne das Wohl aller zu wollen. Seit jeher waren und sind die Mächtigsten der Welt sich über die Macht des Geistes und somit der Macht der Gedanken bewusst. Nur so können sie auf Erden machtvoll sein. Nur, wenn wir uns auch dieser Macht bewusst werden, können wir sie auch bewusst nutzen. Nur so können wir wirklich Einfluss nehmen auf alles Negative und es zum Positiven hin verändern. Daher sollte jeder danach streben, sich seinem wahren Selbst bewusst zu werden. Das ist das Wichtigste, was es hier auf Erden zu erreichen gibt:

„Unser wahres Selbst zu erkennen"

Alle Krisen dieser Welt bis in die heutige Zeit, dienen immer auch einem Zweck. Egal ob es dabei um private oder allgemeine Krisen geht. Wir können aus jeder Krise lernen, sie somit überwinden und weiter wachsen. Das heißt auch:

Unser Bewusstsein zu erweitern und wieder geistig zu gesunden. So lernen wir uns wieder zu erinnern, wer wir wirklich sind. Unsere Lebenssituation sollte uns das Gefühl von wahrer Sicherheit schenken. Solange wir uns von Illusionen, so wie dem Ego täuschen lassen, werden wir keine wirkliche Sicherheit in unserem Leben erfahren. Unsere scheinbare Zufriedenheit wird sich immer wieder in Unzufriedenheit verwandeln. Das Ego ist, wie beschrieben, ein Geisteszustand, es ist kein Ding, keine Person, es ist nicht das wahre Selbst. Wie wir wissen verfügen wir alle über die Fähigkeit, unterschiedliche Geisteszustände zu erzeugen und das durch unseren freien Willen. Wenn wir im Gegenüber dessen Ego zu erkennen glauben, müssen wir uns auch darüber im Klaren sein, dass wir zwei Möglichkeiten haben, das Ego zu erkennen. Wir können es mit unserem eigenen Ego-Bewusstsein wahrnehmen oder mit unserem wahren Selbst. Wenn wir es mit unserem Ego wahrnehmen, werden wir „urteilen" und uns auch angegriffen fühlen. Wir werden somit auch verurteilen. Es spielt dabei keine Rolle, wie stark der Angriff uns erscheint. Auch das kleinste Unbehagen ist schon ein Angriff für uns. Wir werden also das Wahrgenommene verurteilen und dementsprechend handeln. Wir erschaffen damit wieder eine Illusion, die letztlich immer zur Unzufriedenheit führt. So können und werden wir auch nicht wahrhaft vergeben. Wenn wir lernen mit unserem wahren Selbst das Ego wahrzunehmen, dann sehen wir in ihm nur eine Illusion, wir werden es daher auch nicht mehr verurteilen. Wir werden mit Liebe reagieren, weil wir dann nur das Wahrhaftige in unserem Nächsten und auch in allem anderen wahrnehmen wollen!

Wie schon gesagt, dehnt sich Liebe immer aus, wie auch der Geist. Wenn wir das wahrnehmen können, werden wir auch eine neue Welt erschaffen, so wie es in allen Prophezeiungen heißt:

„Die alte Welt wird vergehen und eine neue entstehen"!

Jeder, der diese Wahrnehmung teilt, sollte versucht sein sie so vielen wie möglich von uns nahe zu bringen. Je mehr von uns sich dieser Wahrnehmung öffnen, umso schneller wächst das Massenbewusstsein in der Welt und um so eher wird sich uns eine neue Welt offenbaren!

Ich wünsche jedem den Willen, sich dieser Wahrnehmung zu öffnen und sie damit auch zu erfahren, für ein Leben in Harmonie und Liebe, und damit in wahrer Zufriedenheit!

Lernhilfe, sich seinem wahren Selbst zu nähern:

Meditation

In der Meditation wollen wir, dass der Geist still wird. Die Gedanken sollen zur Ruhe kommen, um sich des wahren Selbst besinnen zu lernen. Das „Zur-Ruhe-Kommen-Lassen" der Gedanken, ist im Allgemeinen sehr schwer und für Einige zuerst ein eher unangenehmes Gefühl, da sich der rationale Verstand, dass Ego, ständig einmischt. Unser Ego ist es, das ständig denken und uns nicht zur Ruhe kommen lassen will. Es scheint dem Ego problematisch zu sein, nicht zu denken. Es will immer beschäftigt werden, um das Gefühl aufrecht zu erhalten, noch „zu sein", zu existieren!

Um die Gedanken zur Ruhe kommen zu lassen und sich selbst zu finden, ist der folgende Weg sehr hilfreich:

Es ist von großem Wert, sich des inneren Körpers bewusst zu werden. Das heißt zu lernen, unseren inneren Körper zu spüren. Eine gute Methode ist es, mit aufrechtem Oberkörper, ohne sich anzulehnen, mit geschlossenen Augen, entspannt zu sitzen, oder auch zu stehen und sich des eigenen Atems bewusst zu werden.

Beim Einatmen stellt man sich vor, wie der Atem von den Füssen über die Beine, den Rücken langsam fließend bis zum Kopf aufsteigt. Das Einatmen sollte tief und ruhig durchgeführt werden. Beim Ausatmen fließt der Atem vom Kopf, über die Vorderseite des Körpers wieder langsam und ruhig bis zu den Füßen. Wenn möglich sollte der Atem wie weißer, sauberer Nebel oder weißes Licht visualisiert werden. Das ist hilfreich, aber kein Muss.

Einigen mag die Visualisierung leicht erscheinen und bei anderen sich erst später einstellen. Man sollte jedoch so aufmerksam wie möglich während der Atemübung sein.

Nach wiederholtem Üben wird das innere Körperbewusstsein immer deutlicher werden und auch ein immer angenehmeres Gefühl entstehen. Zu Beginn werden wahrscheinlich noch viele Gedanken aufkommen, das ist in der Regel vollkommen normal.

Es ist sehr wichtig, das Auftreten der Gedanken bewusst zur Kenntnis zu nehmen!

Man soll auch nicht gegen die aufkommenden Gedanken ankämpfen, sondern bewusst versuchen, diese weiterziehen zu lassen. Das „Weiterziehen-Lassen" ist der erste Schritt, den

Geist zu beruhigen. Wenn wir uns gegen die Gedanken stellen, wenn wir sie abwehren wollen, sind wir schon durch sie gefangen. Wir sind uns dann nicht mehr der Übung bewusst und können uns auch nicht unserem Selbst weiter nähern.

Wenn wir also merken, dass wir wieder mit unseren Gedanken beschäftigt sind, sollten wir versuchen, sie wieder ziehen zu lassen, wie Wolken im Wind!

In dem Moment, in dem wir die Gedanken nicht weiter annehmen, werden wir wieder unserer Übung bewusst und werden merken, wie sich unser Befinden deutlich verbessert.

Bei weiterer Praxis werden wir immer weiter fortschreiten, die Gedanken mehr und mehr zur Ruhe kommen zu lassen.

Auch wenn immer wieder Gedanken aufkommen sollten, brauchen wir sie nur wieder ziehen zu lassen und werden sofort ein deutlich, angenehmes Gefühl erhalten.

Die Übung wird nach und nach dazu führen, dass unser Bewusstsein neue Erfahrungen wahrnimmt, die sowohl unser körperliches, als auch unser geistiges Befinden positiv beeinflusst. Durch das Erlernen der Fähigkeit, unsere alten Gedanken ruhen zu lassen, schaffen wir Raum für neue! So werden wir auch Inspirationen erhalten, neue Denkmuster werden entstehen.

Das heißt nicht, dass wir während der Übung neue Gedanken denken oder erfahren sollen, im Gegenteil, innerhalb unserer Übung werden Gedanken mehr und mehr verschwinden.

Doch werden wir durch unser geistiges Training in unserem Alltagsleben neue Inspiration und Gedanken erfahren. Es kann aber auch während einer Meditation dazu kommen, dass wir eine Inspiration in Form von neuen Gedanken erhalten. Mit dieser Übung, der Wahrnehmung des inneren Körpers, ist es ausreichend, zu Beginn zehn bis fünfzehn Minuten zu verbringen. Sollte sich jedoch in dieser Zeitspanne schon ein angenehmes Gefühl aufrechterhalten lassen, so ist es von großem Vorteil weiterzumachen, bis man spürt, dass es einem nicht mehr angenehm erscheint. Mit der Zeit wird jeder für sich erfahren, wie er diese Übung am besten durchführen kann.

Es ist sehr zu empfehlen, die Übung morgens und abends direkt nach dem Aufstehen und vor dem zu Bett gehen zu praktizieren. Wenn es möglich ist, sollte man auch versuchen, sie während des Tages zu vollziehen.

Nach einiger Zeit der Übung wird sich ein Gefühl der „Inneren Präsenz“ einstellen. Wir werden uns des „Jetzt“ bewusst! Dieses Gefühl ist nicht leicht zu beschreiben, aber jeder, der es erfährt, merkt, dass alles, eingeschlossen des eigenen Körpers, mit allem eine verbundene Präsenz bildet. Man braucht nichts mehr zu beurteilen, alle Dinge sind einfach so, wie sie gerade sind. Man braucht ihnen nichts mehr hinzuzufügen. Das heißt, man beurteilt sie nicht mehr nach irgendwelchen Maßstäben, was auch immer diese sein könnten.

„Alles ist einfach so, wie es ist“!

Man kann diese Übung als Atemmeditation bezeichnen.

Nach einiger Zeit der Übung braucht man nur noch zur Einstimmung der geistigen Entspannung den Atem zu beobachten. Jeder wird individuell feststellen, dass er seine eigene Erfahrung machen wird. Jeder wird durch das Praktizieren dieser Meditation mehr und mehr ohne die alten Gedanken der Vergangenheit auskommen. Wir werden unsere Probleme nicht mehr so wie zuvor wahrnehmen, das heißt, unsere Angst wird schwinden. Wir schaffen somit den Raum, den wir brauchen, um uns wahrhaftig zu finden!

Informationen

Mehr Informationen über den Autor finden Sie auf der Webseite

www.mike-michaels.com

Hier finden Sie auch Informationen zu Vorträgen und Seminaren mit Mike Michaels.

Mike Michaels - „Illusion - Spielzeug der Wahrheit“

Redaktionelle Mitarbeit:
Cyan Eventmanagement UG (haftungsbeschränkt), Berlin

Foto Cover (kleines Bild):
„Köpfe“ © sashpictures-Fotolia.com

Foto Umschlag (großes Bild):
„Three Dimensional Swirl Abstract“ © agsandrew-Fotolia.com

Umschlaggestaltung:
UlinneDesign, Neuenkirchen

Herstellung:
Pro BUSINESS digital printing Deutschland GmbH

ISBN: 978-3-00-044916-1

Printed in Germany

Printed in Poland
by Amazon Fulfillment
Poland Sp. z o.o., Wrocław

87763741R00081